법화경 한글 사경 ②
(제4 신해품~제7 화성유품)

김현준 옮김

법화경을 사경하면 제불께서 지켜주어
한량없는 공덕과 복 안정된 삶 얻게 되고
원하는 바 뜻과 같이 만족스레 성취하며
마침내는 신통력과 무생법인 증득하리

새벽숲

차 례 / 법·화·경·한·글·사·경

제1책
법화경 사경법	4
제1 서품	9
제2 방편품	36
제3 비유품	69

제2책
제4 신해품	7
제5 약초유품	31
제6 수기품	44
제7 화성유품	57

제3책
제8 오백제자수기품	5
제9 수학무학인기품	22
제10 법사품	31
제11 견보탑품	46
제12 제바달다품	64
제13 지품	77
제14 안락행품	86

제4책
제15 종지용출품	7
제16 여래수량품	27
제17 분별공덕품	43
제18 수희공덕품	61
제19 법사공덕품	70
제20 상불경보살품	89
제21 여래신력품	99

제5책
제22 촉루품	7
제23 약왕보살본사품	11
제24 묘음보살품	29
제25 관세음보살보문품	43
제26 다라니품	60
제27 묘장엄왕본사품	68
제28 보현보살권발품	81

법화경 사경 발원문

시방세계에 가득하신 불보살님이시여 감사합니다.

부처님 잘 모시고 법화경의 가르침을 잘 받들며 살겠습니다.(3번)

세세생생 부처님과 법화경의 가르침을 잘 받들며 살겠습니다.(3번)

법화경 사경 입재일 : 불기 25   년   월   일   사경불자 :

開 法 藏 眞 言
개법장진언
옴 아라남 아라다(3번)

南 無 一 乘 最 上 法 門 妙 法 蓮 華 經
나무 일승최상법문 묘법연화경(3번)

제4 신해품
第四 信解品

그때 慧命須菩提(혜명수보리)와 摩訶迦旃延(마하가전연)·摩訶迦葉(마하가섭)·摩訶目犍連(마하목건련)은 부처님께서 일찍이 듣지 못하였던 법을 설하심과 동시에, 사리불에게 아뇩다라삼먁삼보리를 얻게 될 것이라고 수기하시는 것을 듣고 매우 놀라워하고 뛸 듯이 기뻐하였다〔歡喜踊躍(환희용약)〕. 그들은 자리에서 일어나 오른쪽 어깨를 드러내고 오른쪽 무릎을 땅에 댄 다음, 일심으로 합장하고 허리를 굽혀 존경의 뜻을 표하면서 부처님을 우러러보며 아뢰었다.

"저희들은 대중의 윗자리에 있는 비구로, 나이가 많고 늙었나이다. 그래서 스스로 생각하기를, '열반(涅槃)을 얻었으니 이제 해야 할 일이 없다'고 하면서, 더 이상 아뇩다라삼먁삼보리를 구하지 않았나이다.

세존께서는 예전부터 오래도록 이 법을 설하셨습니다. 그러나 게으른 저희들은 오직 '모든 것은 비었고[空] 차별의 상이 없으며[無相] 지을 바가 없다[無作]'는 이치만을 생각하였을 뿐, 보살의 법과 신통으로 불국토를 정화하고 중생을 성취시키는 일을 마음으로 달가워하지 않았나이다.

왜냐하면 세존께서 저희로 하여금 '삼계에서 벗어나 열반을 얻게 해주셨다'고 믿은 데다가, 저희가 너무 늙어 부처님께서 보살을 가르치는 법인 아뇩다라삼먁삼보리에 대해 좋다는 생각을 한번도 내지 않았기 때문입니다.

이제 저희는 부처님께서 성문들에게 '아뇩다라삼먁삼보리를 얻으리라' 수기하시는 것을 듣고 마음이 매우 환희로울 뿐 아니라 놀랍기 그지없습니다. 이는 갑자기 크고 좋은 이익과 뜻하지도 않은 수많은 보물을 얻게 된 것과 같나이다.

세존이시여, 저희는 지금 비유를 들어 이 뜻을 명확하게 밝히고자 하옵니다.

② 궁자유 窮子喩

어떤 이가 어렸을 때 아버지를 버리고 도망을 쳐서 다른 나라에서 십년 이십년, 마침내는 오십년을 살았습니다. 그는 나이가 들었는데도 여전히 가난하여, 먹을 것과 입을 것을 구하려고 사방으로 떠돌다가 자기 나라로 돌아가게 되었습니다. 그리고 아버지는 애타게 아들을 찾아다녔으나 만나지 못하자, 나라 안의 한 도시에 머물러 살았습니다.

아버지는 매우 부유하여 재산과 보물이 한없이 많았습니다. 금·은·유리·산호·호박·파리·진주 등의 보물이 창고마다 가득 차 넘쳐 흘렀고, 노비·시종·일꾼과 코끼리·말·수레·소·양도 많았습니다. 또 물건이나 곡식을 거래하는 일이 다른 나라에까지 이르렀기에, 알고 지내는 상인들이나 고객도 매우 많았습니다.

그때 빈궁한 아들이 여러 도시와 시골을 떠돌다가 마침내 아버지가 살고 있는 도시에 이르렀습니다. 아버지는 늘 아들 생각만 했고, 아들과 이별한 지가 오십 년이나 되었지만 누구에게도 그 사실을 말하지 않고 혼자서만 한탄했습니다.

'나는 이미 늙었다. 자식도 없다. 죽게 되면 창고마다 가득한 금·은 등의 진귀한 보물을 누구에게 물려주랴?'

이렇게 은근히 아들을 기다리면서 또 생각했습니다.

'아들을 만나 재산을 전해주게 된다면 한없

이 쾌락하여 근심이 없으리라.'

세존이시여, 바로 그때 빈궁한 아들은 품팔이를 하며 이리저리 떠돌다가 우연히 아버지가 사는 집의 대문 앞에 서게 되었습니다.

멀리서 아버지를 보니 그는 보배궤로 발을 받치고 사자좌(獅子座)에 앉아 있었으며, 바라문과 귀족과 거사(居士)들이 공경하는 자세로 주위를 에워싸고 있었습니다. 그는 아주 값진 진주와 영락으로 치장을 하였고, 일꾼과 시종들이 흰 총채를 들고 좌우에서 시중을 들고 있었습니다. 그리고 주위에는 보배구슬 휘장과 꽃장식들이 가득하였으며, 땅에는 향수와 이름 있는 꽃들이 뿌려져 있었습니다. 또 보물을 늘어놓고 매매하는 등 모든 것이 아주 위엄 있고 덕이 있게 보였습니다.

그가 큰 세력을 가지고 있음을 느낀 빈궁한 아들은 두려워하면서, 그곳에 온 것을 후회하였습니다.

'저 분은 왕이거나 왕과 비슷한 사람일 것이다. 이곳은 내가 품팔이를 할 곳이 못 된다. 차라리 가난한 마을로 가서 품을 팔아 먹을 것과 입을 것을 구하는 것이 더 나으리라. 여기 오래 있다가 붙잡히면 강제로 일을 시킬지도 모른다.'

그리고는 재빨리 그곳을 떠났습니다.

그때 장자는 사자좌에서 아들을 단번에 알아보고 크게 기뻐했습니다.

'아, 창고마다 가득 차 있는 나의 재물을 물려줄 이가 생겼도다. 내 항상 이 아들을 생각하였건만 만날 길이 없었는데, 이제 스스로 찾아와서 나의 소원을 이루어 주는구나.'

그리고는 사람을 보내 데려오게 하였고, 심부름꾼이 달려가서 붙잡자 빈궁한 아들은 몹시 놀라 큰소리로 외쳤습니다.

'잘못한 일도 없는데 왜 붙잡습니까?'

하지만 심부름꾼이 더욱 강하게 붙잡아 끌

고 가자, 빈궁한 아들은 '죄도 없이 붙잡혔으니 이제 꼼짝없이 죽겠구나' 하면서 더욱 두려워하며 고민하다가 기절을 했습니다. 그때 멀리서 이 모습을 보고 있던 아버지가 심부름꾼에게 말했습니다.

'그 사람을 억지로 데려올 것 없다. 얼굴에 냉수를 뿌려 깨어나게 하고, 아무 말도 하지 말아라.'

왜냐하면 아들의 마음이 좁고 못나서 자신의 부귀를 감당하기 어렵다는 것을 알았기 때문입니다. 그는 분명히 자신의 아들임을 알았지만 방편을 써서 다른 사람에게 알리지 않고 심부름꾼을 시켜 말했습니다.

'너를 놓아 줄테니 가고 싶은 대로 가거라.'

곤궁한 아들은 몹시 기뻐하며 가난한 마을로 가서 먹을 것과 입을 것을 구했습니다.

그때 장자는 아들을 달래어 데려오고자 방편을 써서, 모습이 초라하고 보잘 것 없는

두 사람을 은밀히 보내면서 당부했습니다.
'너희는 그 사람에게 가서, 일할 곳이 있는데 품삯을 배로 준다고 하여라. 만약 그가 허락하거든 데려와서 일을 시켜라. 그리고 그가 무슨 일을 시킬 것이냐고 묻거든 거름 치우는 일이라 답하고, 너희 두 사람도 함께 일을 할 것이라고 말하여라.'

두 사람은 빈궁한 아들을 찾아가서 그대로 말하였고, 그들을 따라온 빈궁한 아들은 품삯을 먼저 받고 거름을 치우는 일을 시작하였는데, 아들을 볼 때마다 아버지는 안타깝고 불쌍하기 그지없었습니다.

어느 날 아버지는 창문을 통하여, 앙상하게 여위어 초췌한 데다 오물과 흙먼지를 뒤집어쓴 더러운 아들의 모습을 보고는, 곧 영락과 장신구와 좋은 옷을 벗고 더럽고 허름한 옷으로 갈아입은 뒤, 몸에 흙먼지를 바르고 거름 치우는 기구를 들고 조심스럽게 일꾼들에게 다가가 말했습니다.

'게으름 피우지 말고 부지런히 일해라.'

그리고는 짐짓 아들에게 다가가 말했습니다.

'다른 곳에 가지 말고 여기에서 계속 일을 해라. 품삯도 올려 주고, 그릇·쌀·밀가루·소금·식초 등 필요한 물건들도 다 주고, 나이 든 심부름꾼도 붙여줄 것이니 안심하고 지내라. 나는 늙고 자네는 젊으니 나를 아버지처럼 생각해도 좋다. 자네는 일을 할 때 다른 일꾼들처럼 속이거나 게으르거나 성내거나 한탄하거나 원망하지를 않더구나. 지금부터 나는 자네를 내 친아들처럼 생각할 것이다.'

그리고는 새로운 이름을 지어 주고 '아들'이라 불렀습니다.

빈궁한 아들은 그와 같은 대우를 받는 것을 기뻐하면서도 여전히 스스로를 머슴살이 하는 천한 사람이라 여겼기 때문에, 아버지는 이십 년 동안이나 그에게 거름 치우는 일을 하게 할 수밖에 없었습니다. 그리고 서로 믿고 친하게 되어 어려움 없이 드나들게 되었지만, 아들의 거처는 여전히 그 전과 같았습니다.

세존이시여, 어느 날 장자는 병에 걸려 머지않아 죽게 될 것임을 알고 빈궁한 아들에게 말했습니다.

'내 창고에는 금·은 등의 진귀한 보물이 가득하다. 그 속에 있는 모든 재물과 주고받아야 할 것들은 네가 모두 알아서 처리하도록 해라. 나의 뜻이 이러하니 잘 받들어 행하기 바란다. 왜냐하면 너와 나는 이제 한 몸이나 다름없기 때문이다. 아무쪼록 주의하여 잘 보존해 주기 바란다.'

이에 빈궁한 아들은 분부를 받들어 금은 등의 진귀한 보물과 모든 창고들을 관리하게 되었습니다. 그러나 밥 한 그릇 더 가지려는 생각이 없었고, 머무는 거처도 그대로였으며, 천하고 못났다는 생각 또한 버리지 않고 있었습니다.

다시 얼마 뒤, 아버지는 아들의 마음이 차츰 넓어져 큰 뜻을 지니게 되었고, 예전의 천하고 못난 마음을 뉘우치고 있음을 알게 되었습니다. 아버지는 임종 때가 가까워지자 아들에게 명하여 친족들과 국왕·대신·무사·거사들을 모두 한 자리에 모이게 한 뒤 이렇게 말했나이다.

'여러분은 마땅히 아십시오. 이 사람은 내가 낳은 나의 아들입니다. 전에 살던 곳에서 나를 버리고 도망을 쳐서 오십 년 동안이나 방랑하며 온갖 고생을 다 겪었소이다. 이 사람의 본래 이름은 아무개이고 내 이름은 아무개입니다. 예전에 본래 살던 고향에서 무척 걱정을 하며 찾아 헤맸는데, 여기에서 우연히 만나게 되었습니다. 이 사람은 내 아들이요 나는 그의 아버지이니, 이제 나의 재산은 모두 그의 것입니다. 그리고 이전까지 행해왔던 모든 거래관계도 내 아들이 모두 알아서 할 것이오.'

세존이시여, 그때 아들은 아버지의 말을 듣고 일찍이 없었던 일이라며 크게 기뻐하였나이다.

'내 본래 바라는 마음이 없었건만, 보물 창고가 저절로 나에게 이르렀구나.'

❀

세존이시여, 부유한 장자는 곧 여래이시고 저희는 장자의 아들과 같기에, 여래께서는 늘 저희를 아들이라고 말씀하셨습니다.

세존이시여, 저희는 세 가지 괴로움[三苦^{삼고}]에 시달리고, 나고 죽는 가운데 온갖 번뇌를 다 겪으면서도, 미혹하고 무지하여 작은 법[小法^{소법}]만을 즐겼습니다. 그리하여 세존께서는 줄곧 저희로 하여금 법에 대한 쓸데없는 희론(戱論)들을 버리도록 이끄셨지만, 저희는 곤궁한 아들이 거름구덩이 속에서 부지런히 정진하여 받은 하루 품삯을 열반으로 삼아 매우 기뻐하고 만족하게 여겼으며, 또 이렇게 생각했나이다.

'부처님 법 속에서 부지런히 정진하니 얻은 바가 매우 크고 많구나.'

그러나 세존께서는 저희가 잘못된 욕망[五欲]에 집착하고 작은 법을 즐기고 있다는 것을 아시면서도 그냥 내버려 두었을 뿐, '너희에게도 여래지견의 보배창고[寶藏]가 있다'는 말씀을 직접 하지 않았나이다.

또 세존께서는 뛰어난 방편력으로 여래의 지혜를 말씀하셨지만, 저희 스스로 하루 품삯에 해당하는 열반을 얻고서 큰 것을 얻었다고 여겼기 때문에 대승을 구하지 않았나이다.

그리고 저희도 여래의 지혜에 대해 보살들과 이야기는 하였지만, 여래의 지혜를 구할 뜻은 전혀 없었나이다. 왜냐하면 부처님께서는 저희들이 작은 법을 즐긴다는 것을 아시고, 장자가 친아들에게 한 것처럼, 방편력으로 저희의 근기에 맞게 작은 법을 설하셨다는 것을 미처 알지 못하였기 때문입니다.

이제야 저희는 세존께서 부처님의 지혜를 아낌없이 설하고자 하셨음을 알게 되었나이다. 저희가 본래 세존의 아들인데도 작은 법만을 즐겼기에 설하시지 않은 것일 뿐, 저희가 큰 법을 즐겼더라면 세존께서는 즉시 저희들에게 대승법을 설하여 주셨을 것입니다.

지금도 이 경을 통하여 오직 일승(一乘)만을 설하시고, 예전에도 보살들 앞에서 성문들이 작은 법만을 즐긴다며 나무라셨으니, 부처님께서는 분명히 대승만으로 교화하셨나이다. 그러므로 저희는 이렇게 말씀드리나이다.

'본래 무심하여 바라지도 않았는데 지금 법왕의 큰 보물이 저절로 굴러 와서, 부처님의 아들이 마땅히 얻어야 할 바를 모두 얻었노라.'"
　이때 마하가섭은 이 뜻을 거듭 밝히고자 게송으로 아뢰었다.

저희들은　오늘에야　부처님의　법문 듣고
일찍 없던　법을 얻어　큰 기쁨을　누립니다
'성문들도　성불한다'　부처님이　설하시니
가장 좋은　보배들을　절로 얻게　됨입니다

비유컨대　어린 아이　철이 없고　어리석어
아버지를　버리고서　타향 땅에　도망가서
오십 년을　정처 없이　떠돌면서　살았으며
아버지는　사방으로　아들 찾아　다니다가
마침내는　크게 지쳐　어느 성에　머물면서
큰집 하나　지어 놓고　오욕락을　즐깁니다
그 집주인　큰 부자라　금은자거　마노 진주
유리 등의　보배들과　말과 소와　코끼리와
양과 가마　수레들과　논과 밭과　시종들과

하인들과 소작인이 많고 많아 끝이 없고
주고 받는 이익들이 타국까지 미쳤기에
상인들과 고객들이 집에 가득 했나이다
천만억의 사람들이 둘러서서 공경하고
임금이나 왕족들의 총애 많이 받았으며
여러 대신 호족들이 한결같이 공경하니
오고 가는 사람들이 어찌 많지 않으리까
부귀영화 누렸지만 나이 들고 늙을수록
자나깨나 아들 생각 항상 가득 했나이다
'죽을 때가 가깝건만 어리석은 내 아들은
나 버리고 떠난 지가 오십여 년 되었구나
창고 속의 저 재물을 어찌하면 좋을 건가'
바로 그때 궁한 아들 옷과 음식 구하려고
이 마을로 저 마을로 여러 곳을 떠돌면서
어떤 때는 얻어먹고 어떤 때는 얻지 못해
굶주리고 여윈 데다 옴과 버짐 생긴 채로
이곳저곳 떠돌다가 부친 사는 성에 닿아
품을 팔고 다니다가 그 집 앞에 갔나이다

그 즈음에 아버지는 자기 집의 문 안에서
보배 휘장 둘러치고 사자좌에 앉은 채로
많고 많은 권속들과 함께 하고 있었는데
무리 속의 어떤 이는 금은 보물 헤아리고
어떤 이는 거래 내역 기록하고 있음이라
궁한 아들 아버지의 부귀함과 위엄 보고
'저 사람은 왕 아니면 아주 높은 이로구나
내가 여기 왜 왔던가 놀랍고도 두렵도다
여기 오래 있다가는 꼼짝없이 붙들려서
틀림없이 강제 노동 당할 것이 분명하다'
이와 같이 생각하고 한시바삐 도망하여
빈촌으로 찾아가서 품을 팔려 했습니다
바로 그때 사자좌에 앉아 있던 아버지가
저 멀리서 보고서는 아들인 줄 바로 알고
심부름꾼 즉시 보내 잡아오게 하였는데
놀란 아들 고민하다 바로 기절 했나이다
'이들에게 잡혔으니 꼼짝없이 죽는 건가
밥과 옷을 구하려다 이 모양이 되었구나'

그 모습을 본 장자는 다시 생각 했나이다
'내 아들은 어리석고 용렬하기 그지없다
내가 저의 아비임을 결코 믿지 않으리라'
그리고는 방편으로 다른 사람 파견하되
애꾸눈에 못난 사람 선택하여 이르기를
'너는 가서 말하기를 내 집 와서 품을 팔아
거름치는 일을 하면 품삯 곱을 준다 하라'
궁한 아들 그 말 듣고 기뻐하며 따라와서
거름 치고 집 안팎을 청소하며 지냅니다
어느 때나 자기 아들 살펴보던 부자 장자
어리석고 못난 것이 천한 일만 좋아하자
허름한 옷 바꿔 입고 거름치는 도구 들고
아들한테 다가가서 방편으로 말합니다
'품삯을 더 올려주고 발에 바를 기름하며
음식이나 이부자리 풍족하게 줄 것이니
여기에서 일을 해라 성실하게 일하는 너
내 아들과 다름없다' 이와 같이 타이른 뒤
지혜 있는 그 장자는 이십 년을 자유롭게

드나들게 하고 나서 집안일을 다 맡기고
금과 은과 진주 파리 보물창고 보여주며
나고 드는 모든 물건 관리하게 하였으나
그 아들은 변함없이 대문 밖에 붙어 있는
초막에서 잠을 자며 제 스스로 생각하되
'나는 본래 가난하여 재물 없다' 했나이다
아버지는 아들 마음 넓어지고 있음 알고
그 재산을 물려주려 친척 국왕 대신 무사
거사들을 모아놓고 그들에게 말합니다
'이 사람이 바로 내가 친히 낳은 아들인데
나를 떠나 멀리 가서 오십 년을 지내다가
우연하게 여기 와서 이십 년을 또 지냈소
옛날 어떤 성 안에서 이 아들을 잃고 나서
이리 저리 헤매면서 무진 애를 썼었지만
결국 찾지 못하고서 여기까지 온 것이오
이제 내가 가진 집과 하인 등의 모든 것을
아들에게 물려주어 제 뜻대로 쓰게 하리'
가난하고 궁했을 때 뜻과 마음 좁던 아들

이제 와서 아버지의 큰 재산을 물려받아
귀한 보물 큰 저택과 온갖 재물 얻게 되자
이전에는 못 느꼈던 큰 기쁨을 누립니다

부처님도 우리들이 작은 법을 즐김 알고
'너도 성불 하리라'는 말씀하지 않으시고
번뇌 없는 무루법을 겨우 얻은 저희에게
소승법만 성취를 한 성문이라 했나이다
부처님이 저희에게 위없는 도 설하신 뒤
'이 가르침 잘 닦으면 성불한다' 하시었고
'보살에게 위없는 도 설하라'고 하시기에
보살들을 찾아가서 인연담과 비유 섞어
위없는 도 설했더니 그 불자들 법문 듣고
밤낮으로 사유하며 힘써 정진 했나이다
바로 그때 제불께서 그들에게 수기하되
'오는 세상 너희들은 성불한다' 했습니다
그리고는 제불들의 비밀스레 전해온 법
여러 보살 들에게만 사실대로 설하시고

저희들을 위해서는 말씀아니 했나이다
이는마치 궁한아들 아버지와 함께 하며
모든보물 관리 하나 가질생각 없었듯이
저희들도 부처님의 법보장(法寶藏)을 설했지만
막상 그 법 구할 생각 전혀 아니 했나이다
저희들은 모든 번뇌 끊는 것에 만족하여
'이것 알면 그만이요 다른 것은 없다'면서
불국토를 맑게 하고 중생들을 교화하는
보살 법문 들었어도 아니 기뻐 했습니다
왜냐하면 이 세간의 모든 법이 공적(空寂)하여
생(生)도 없고 멸(滅)도 없고 크고 작음 또한 없는
무루 무위(無漏無爲) 뿐이라고 생각했기 때문이니
즐겁고도 기쁜 마음 어찌 생겨 났으리까
저희들은 오랜 세월 부처님의 대지혜를
탐하지도 아니하고 구하지도 않으면서
저희들이 얻은 법을 구경(究竟)이라 했나이다
오랜 세월 모든 것이 공하다는 이치 닦아
욕계 색계 무색계의 삼계 고통 벗어나서

제4 신해품 · 27

有餘涅槃

이 몸으로　유여열반　머무르게　되는것이
부처님의　교화 받아　참된 도를　얻음이요
부처 은혜　갚음이라　생각하여　왔나이다
부처님은　저희 위해　보살법을　설하시며
부처님이　되는 도를　구하라고　하셨으나
보살법을　구하지도　즐기지도　아니하는
저희 마음　잘 아시고　그냥 버려　두었을 뿐
'참된 이익　있다'시며　권치 아니　했나이다
아버지가　아들 마음　용렬한 줄　미리 알고
방편으로　그 마음을　항복받고　다스린 뒤
많은 재산　남김없이　모두 물려　주었듯이
부처님도　보기 드문　희유한 일　나타내되
방편력을　베푸시어　작은 법을　즐겨하는
작은 마음　다스린 후　큰 지혜를　주십니다
저희들이　이제까지　바라지도　아니했던
미증유의　보배법을　절로 얻게　되었으니
한량없는　보물 얻은　궁한 아들　같나이다

세존이여 제가이제 도를얻고 과보얻어
무루법에 머물면서 청정한눈 얻었으니
저희들이 오랜세월 청정계율 지닌결과
오늘에야 이와같은 과보들을 얻게되고
법왕의법 가운데서 청정수행 오래함에
미혹없는 무상대과(無上大果) 얻게되나 보옵니다
저희들이 오늘에야 참된성문(聲聞) 되었기에
불도성(佛道聲)을 모두에게 들려주게 되었으며
저희들이 오늘에야 참아라한 되었기에
온세간의 천인인간 마군들과 범천등의
모든대중 들로부터 널리공양 받나이다
희유하게 나타내고 자비로써 교화하여
이익얻게 하오시는 부처님의 크신은혜
억천겁이 지나간들 어찌능히 갚으리까
수족되어 받들면서 머리숙여 예경하고
온갖것을 공양한들 은혜어찌 다갚으며
머리위에 받들거나 어깨위에 모시어서
항하사수(恒河沙數) 오랜세월 마음다해 공양하되

제4 신해품 · 29

맛이 좋은 음식들과 보배로운 의복들과
아름다운 이부자리 효과 좋은 탕약이며
우두전단 좋은 향과 여러 가지 보배로써
넓고 높은 탑세우고 옷을 벗어 땅에 깔며
정성 다해 공양해도 은혜 어찌 갚으리까
희유하신 부처님은 한량없고 가이없고
생각조차 할수없는 신통력을 나투시고
무루무위(無漏無爲) 법들 모두 증득하신 법왕(法王)이나
모자라는 중생 위해 이 모두를 감추시고
상(相)을 쫓는 범부에게 근기 맞춰 설합니다
부처님들 모든 법에 자유자재 하시지만
중생들의 여러 가지 욕구와 뜻 아시기에
능히 감당 할 수 있는 그네들의 근기(根機) 따라
한량없는 비유로써 미묘한 법 설합니다
중생들의 지난세상 숙세 선근 어떠하고
그들 근기 성숙함과 성숙 못함 살피시어
일승도(一乘道)로 이끌고자 삼승법을 설합니다

제5 약초유품
第五 藥草喩品

그때 세존께서 마하가섭(摩訶迦葉)과 큰 제자들에게 이르셨다.

"착하고 훌륭하구나, 가섭아. 여래의 진실한 공덕을 잘 말하였나니, 참으로 네가 말한 바와 같다. 여래에게는 한량없고 가없는 공덕이 있나니, 너희가 무량억겁(無量億劫)을 두고 말하여도 다 표현할 수 없느니라.

가섭아, 마땅히 알아라. 여래는 모든 법의 왕이시니 설한 바 법이 헛되지 않느니라. 또 모든 법을 지혜의 방편으로 설하나니, 그 설한 법을 통하여 일체지(一切智)의 땅에 이르게 하느니라. 여래는 모든 법의 돌아가는 곳[歸趣(귀취)]을 잘 관찰하여 알고, 모든 중생이 마음 깊이 구하는 바를 통달하여 걸림없이 알며, 제법(諸法) 모두를 분명하게 알기 때문에 중생들에게 일체지혜를 보여주시느니라.

가섭아, 비유를 들리라.

③ 약초유 藥草喩

이 삼천대천세계(三千大千世界)의 산천과 계곡과 대지에 있는 풀과 나무와 숲과 약초들의 종류는 매우 많으며, 그 모양도 각각 다르니라. 그런데 짙은 구름이 삼천대천세계를 두루 덮어서 일시에 큰 비를 내려 고루 적시면, 풀과 나무와 숲과 약초들의 작은 뿌리 작은 줄기 작은 가지 작은 잎과, 중간 뿌리 중간 줄기 중간 가지 중간 잎과, 큰 뿌리 큰 줄기 큰 가지 큰 잎 등을 가진 크고 작은 식물들이 상·중·하에 따라 각기 비를 흡수하게 되느니라.

이들 모두는 한 구름에서 내리는 비를 받

지만, 그 종류와 성질에 따라 각기 자라고 꽃 피우고 열매를 맺는 것이 다르나니, 비록 같은 땅에서 나고 같은 비에 적셔졌지만 초목들 모두는 저마다 차별이 있느니라.

가섭아, 마땅히 알아라. 여래 또한 이와 같나니, 여래가 세상에 출현함은 마치 큰 구름이 일어남과 같고, 큰 음성으로 온 세계의 천인·인간·아수라의 무리들에게 법을 설하는 것은 마치 큰 구름이 삼천대천세계를 두루 덮는 것과 같으니라.

나는 대중들을 향해 외치느니라.

'나는 여래·응공·정변지·명행족·선서·세간해·무상사·조어장부·천인사·불세존이다. 아직 제도 받지 못한 이를 제도하고, 해탈하지 못한 이를 해탈케 하며, 편안하지 못한 이를 편안케 하고, 열반에 이르지 못한 이를 열반에 이르게 한다. 나는 현세와 후세의 한결같은 모두 아는 일체지자(一切知者)요 일체를 보는 일체견자(一切見者)요 도를 아는 지도자(知道者)요 도를 여는 개도자(開道者)요 도를 설하는 설도자(說道者)이니, 천인·인간·아수라의 무리들은 모두 이곳으로 와서 법을 들을지니라.'

이에 한량없는 천만억 중생들은 부처님 계신 곳으로 와서 법문을 듣느니라.

그때 여래는 또다시 중생들이 지닌 날카롭고 둔하고 부지런하고 게으른 근기(根機) 등을 모두 관찰하여, 그들 각각이 감당할 수 있는 바에 따라 갖가지로 설법을 함으로써, 모두에게 환희롭고 훌륭한 이익을 얻을 수 있게 하느니라.

중생들이 이 법문을 들으면, 현세에는 편안하고 후세에는 좋은 곳에 태어나며, 도를 수지하는 즐거움을 누리게 되느니라. 또 법을 들으면 업장과 장애들을 떠나게 되고, 능력에 따라 점차 도를 깨닫게 되느니라.

이는 마치 저 큰 구름이 모든 풀과 나무와 숲과 약초에 비를 내리면, 각기 그 종류와 성질에 따라 물기를 빨아들여 나름대로 자라나는 것과 같으니라.

여래가 설하는 법은 한가지 모습[一相]이요 한 가지 맛[一味]이니, 이른바 괴로움을 벗어난 해탈상(解脫相)이요 번뇌를 떠난 이상(離相)이요 생사를 멸한 멸상(滅相)으로, 마지막에는 부처님의 일체종지(一切種智)에 이르게 하느니라.

중생들은 여래의 설법을 듣고 받아 지녀서 읽고 외우고 가르침대로 수행하지만, 그 결과로 얻게 되는 공덕은 그들 자신도 알지를 못하느니라.

왜냐하면 오직 여래만이 중생의 종류[種]와 모양[相]과 몸[體]과 성품[性]을 알되, 무엇을 염려하고 무엇을 생각하고 무엇을 닦는지, 어찌하여 염려하고 어찌하여 생각하고 어찌하여 닦는지, 어떤 법을 염려하고 어떤 법을 생각하고 어떤 법을 닦고 어떤 법을 얻는지 등, 중생들이 머무는 갖가지 경계를 오직 여래만이 있는 그대로 보고 막힘없이 명확하게 알기 때문이니라.

이는 마치 저 풀과 나무와 숲과 약초들의 성품이 상·중·하 어디에 속하는지를 스스로 알지 못하는 것과 같으니라.

여래는 한 모습이요 한 맛인 일상일미지법(一相一味之法)을 아나니, 이른바 해탈상(解脫相)·이상(離相)·멸상(滅相)과 구경열반인 적멸상(究竟涅槃 寂滅相) 등이 결국은 공(空)으로 돌아감을 아느니라.

그러나 중생들의 바라는 바를 관하고 그것을 지켜 주고자, 부처님의 일체종지(一切種智)를 곧바로 설하지 않느니라.

가섭과 너희는 여래가 근기에 따라 설법하는 것을 잘 알아서 능히 믿고 수지하니 참으로 드문 일이다. 왜냐하면 제불세존이 근기에 따라 법을 설한다는 것은 이해하기도 어렵고 알기도 어렵기 때문이니라."
   그때 세존께서는 이 뜻을 거듭 밝히고자 게송으로 이르셨다.

미혹벗은 법의왕은 이세상에 출현하여
중생욕망 관하면서 갖가지로 설법하나
존귀하고 무게있고 지혜깊은 부처님은
중요한법 간직할뿐 쉽게말씀 아니하니
지혜인이 듣게되면 능히믿고 이해하나
무지(無智)한자 의심하여 법을잃기 때문이다
가섭이여 그러므로 근기맞춰 설하여서
가지가지 인연으로 정견(正見)얻게 하느니라
가섭이여 비유하면 큰구름이 생겨나서
이세간의 모든것을 다덮음과 같음이니
지혜구름 습기품자 번갯불이 번쩍이고
우레소리 진동하니 모든사람 기뻐한다
태양빛을 가려주어 땅위에는 서늘하고
짙은구름 손닿을듯 아주낮게 드리워져

제5 약초유품 · 37

동서남북 모든 땅에 고루고루 비 내리되
한량없이 퍼부어서 충분하게 적셔준다
산과 내와 험한 골짝 모든 곳에 자라나는
풀과 나무 약초 등의 크고 작은 수목들과
모든 곡식 새싹들과 사탕수수 포도 등은
흠뻑 비를 맞았기에 흡족하기 그지없고
마른 땅도 고루 젖어 약초 모두 잘 자란다
구름에서 내린 비는 맛이 오직 일미(一味)인데
모든 풀과 나무들이 분수대로 흡수하고
크고 작고 중간 것 등 상중하의 초목들도
적절하게 빨아들여 모두모두 자라나니
뿌리 줄기 가지와 잎 꽃과 열매 모든 부분
같은 비를 맞았기에 좋은 빛깔 나타낸다
그렇지만 특성이나 크고 작은 모양따라
같은 비를 맞았지만 무성함은 각각이다
큰 구름이 일어나서 온 세상을 두루 덮듯
부처님도 이와 같아 이 세상에 출현하고
이 세상에 오신 다음 일체 중생 위하여서

모든법의 참된이치 분별하여 설하노라
큰성인인 부처님은 천인들과 인간들과
많고많은 대중향해 이와같이 선언한다
'나는바로 복과지혜 함께갖춘 여래로서
큰구름이 일어나듯 이세상에 출현하여
말라있는 일체중생 흡족하게 적셔주어
괴로움을 모두떠나 안온하기 그지없는
世間樂　　涅槃樂
세간락과 열반락을 함께얻게 하느니라
천인들과 인간들은 모두다들 여기와서
無上尊
무상존을 친견하고 일심으로 경청하라
　　　　 世尊
나는바로 세존이요 더존귀한 이는없다
모든중생 편케하려 이세상에 출현하여
대중위해 맑디맑은 감로법문 설하노라
그법문은 오직한맛 해탈열반 법문이니
　　　　 妙音
하나같은 묘음으로 이법문을 널리설해
　　　　　　　　　 因　緣
대승법을 펼수있는 인과연을 짓느니라'
나에게는 모든중생 한결같이 평등하여
이것저것 나누거나 곱고미운 마음없고

제5 약초유품 · 39

탐착하는 생각이나 걸림 또한 없느니라
항상 모든 중생 위해 평등하게 설법하되
한 사람과 뭇 대중을 다름없이 대하면서
한결같이 설법할 뿐 다른 일을 한 적 없고
피곤함을 잊은 채로 가고 오고 앉고 서며
모든 세간 남김없이 충족시켜 주었나니
온 세상을 비가 고루 적셔주는 것과 같다
귀인 천인 높고 낮음 지계 파계 가림 없고
예법 격식 갖췄거나 예법 격식 못 갖춘 이
바른 사람 삿된 사람 총명한 이 둔한 사람
모두에게 법의 비를 평등하게 내려주되
게으름을 부릴 줄도 지칠 줄도 몰랐노라
온 세계의 모든 중생 내 법문을 듣고 나면
능력따라 받아 익혀 여러 경지 머무노라
인간들과 천인들과 전륜성왕 제석천왕
범천왕이 되는 이는 바로 작은 약초이고
번뇌 없는 청정한 법 깨달아서 열반 얻고
육신통을 일으키고 三明 삼명 모두 얻는 이와

산림 속에 머무르며 홀로 선정 행하여서
연각 경지 이루는 이 바로 중간 약초이고
나도 성불 하겠다며 선정 닦고 정진하여
부처 경지 구하는 이 바로 상품 약초로다
또한 여러 불자들이 마음 다해 불도 닦고
자비행을 늘 행하며 틀림없이 성불함을
의심 없이 아는 이는 바로 작은 나무이고
신통 능히 부리면서 불퇴전의 법륜 굴려
한량없는 백천만억 중생들을 제도하는
대자재한 보살들은 큰 나무라 하느니라
부처 설법 평등함은 마치 한맛 비 같지만
중생들이 받는 바는 성품 따라 다르나니
여러 초목 비를 달리 흡수함과 같으니라
부처님은 방편 써서 여러 가지 비유들과
여러 가지 이야기로 한가지 법 설하지만
佛智慧
불지혜로 비춰 볼 때 이 비유와 설법들은
큰 바닷속 한 방울의 물과 다름 없느니라
내가 이제 법비 내려 세간 두루 적셨으되

중생들이 일미의 법 능력 따라 수행함은
저 숲속의 풀과 약초 크고 작은 나무들이
자기들의 근기 따라 자라남과 같으니라
제불들은 어느 때나 일미의 법 가지고서
모든 세간 중생에게 골고루 다 들려준 뒤
차츰 차츰 행을 닦아 도과(道果) 얻게 하느니라
성문이나 연각들이 산림 속에 있으면서
법을 듣고 과(果) 얻는 것 최후신(最後身) 몸을 삼는다면
이는 마치 약초들의 자라남과 같음이요
만일 모든 보살들이 그 견고한 지혜로써
삼계 이치 밝게 알고 최상승법(最上乘法) 구한다면
이는 마치 작은 나무 자라남과 같음이며
어떤 사람 선정 닦아 신통력을 지니고서
제법공(諸法空)의 설법 듣고 한량없이 기뻐하며
다함 없는 광명 놓아 중생들을 제도하면
이는 마치 큰 나무의 자라남과 같으니라
이와 같다 가섭이여 부처님이 설하신 법
비유하면 큰 구름이 한가지 맛 비를 내려

사람 꽃을 적시어서 열매 맺게 함이로다
가섭이여 잘 알아라 여러 가지 인연들과
가지가지 비유로써 불도(佛道) 열어 보이는 것
이는 나의 방편이자 제불들의 방편이다
내가 이제 너희위해 참다운 법 설하노니
아직까지 참된 멸도(滅度) 얻지 못한 성문들이
진정으로 행할 바는 이 보살도(菩薩道) 뿐일러니
점점 배워 다 닦으면 모두가 다 성불한다

제6 수기품
第六 授記品

　세존께서는 게송을 설하신 뒤 대중들에게 이르셨다.

　"나의 제자 마하가섭은 미래세에 3백만억 부처님들을 받들어 모시고 공양하고 공경하고 존중하고 찬탄하면서, 그 부처님들의 크고도 한량없는 법을 널리 편 다음 최후의 몸[最後身]으로 성불하나니, 이름은 광명(光明)여래·응공·정변지·명행족·선서·세간해·무상사·조어장부·천인사·불세존이요, 나라 이름은 광덕(光德)이며, 겁의 이름은 대장엄(大莊嚴)이니라. 광명여래의 수명은 12소겁이요, 정법(正法)이 세상에 머무름은 20소겁이며, 상법(像法) 또한 20소겁 동안 머무느니라.

　그 나라는 장엄하게 꾸며져 기와나 돌조각·가시·똥오줌 등의 더러운 것들이 없으며, 땅은 평평하고 반듯하여 높고 낮은 구렁이나 언덕이 없느니라. 또 유리로 된 땅에 보배나무가 줄지어 서 있고, 길가는 황금줄로 장식되어 있으며, 온갖 보배로운 꽃들을 뿌려 주변을 늘 청정하게 하느니라.

　그 나라에는 보살의 수가 천억이요, 성문들 또한 무수히 많으며, 마(魔)의 장난이 없나니, 비록 마왕이나 마의 무리가 있다 하더라도 모두가 불법을 수호하느니라."

　세존께서는 이 뜻을 거듭 밝히고자 게송으로 이르셨다.

비구들아　이르노니　부처님의　눈으로써
대가섭을　살펴보니　무수한 겁　지낸 뒤의
다가오는　세상에서　성불하게　됨이로다

대가섭은 미래세에 삼백만억 부처님을
친견하고 받들면서 지극 정성 공양하되
부처 지혜 얻기 위해 청정하게 수행하며
세상에서 가장 높은 양족존께 공양하고
위가 없는 높은 지혜 한결같이 닦고 익혀
마침내는 그 몸으로 광명여래 되느니라
그 나라는 맑디맑은 유리로써 땅이 되고
여러 가지 보배나무 도로 옆에 즐비하며
황금줄로 길가 둘러 보는 이들 기뻐하며
향기 좋은 여러 꽃을 항상 흘어 뿌리옵고
기묘하고 아름다운 보배로써 꾸몄으며
땅이 모두 평평하여 언덕 구렁 없느니라
그 수효를 알 수 없는 많고 많은 보살들은
마음들이 부드럽고 큰 신통을 얻게 되며
부처님과 대승경전 잘 받들어 지니노라
대법왕의 아들로서 번뇌없는 몸을 얻은
성문들의 수효 또한 헤아릴 수 없이 많아
천안으로 볼지라도 능히 세지 못하니라

광명여래　누릴수명　십이소겁　능히 되며
바른법은　그 세상에　이십소겁　머무르고
상법 또한　그 세상에　이십소겁　머무르니
가섭 후신　광명불(光明佛)의　세상일이　이 같노라

　이때, 대목건련과 수보리와 마하가전연 등이 매우 송구스러워하면서 일심으로 합장하여 잠시도 눈을 떼지 않고 부처님을 우러러 보았다. 그리고 각자 목소리를 맞추어 게송으로 아뢰었다.

용맹하신　대웅세존　석가족의　법왕이여
불쌍하게　여기시어　말씀 내려　주옵소서
저희 마음　아시고서　수기하여　주신다면
감로수로　열을 식혀　청량얼음　같으리다
이는 마치　흉년이 든　나라에서　온 사람이
왕이 먹는　좋은 음식　한상 가득　얻었으나
의심하고　두려워해　감히 먹지　못하다가

먹으라는 왕의분부 받은다음 먹게되듯
저희 또한 그와같아 소승속에 있으면서
그 허물만 생각할뿐 부처님의 높은지혜
어찌해야 얻는지를 전혀 알지 못합니다
'너희들도 성불한다' 세존말씀 하셨어도
마음에는 근심의심 오히려 더 생겨나서
왕의 음식 감히 먹지 못하듯이 되었으니
만일 수기 주신다면 이내편안 하오리다
온 세상을 편케하는 용맹하신 세존이여
원하오니 저희에게 수기 내려 주옵소서
주린 이가 먹으라는 분부 듣듯 하오리다

그때 세존께서 큰 제자들의 속 생각을 아시고 비구들에게 이르셨다.

"수보리는 미래세에 3백만억 나유타(那由他)에 이르는 부처님들을 받들어 모시고 공양하고 공경하고 존중하고 찬탄하면서 늘 청정하게 수행하여 보살도를 모두 갖춘 다음 최후의 몸으로 성불하나니 이름은 명상(名相)여래·응공·정변지·명행족·선서·세간해·무상사·조어장부·천인사·불세존이요, 겁의 이름은 유보(有寶)이며, 나라의 이름은 보생(寶生)이니라.

평평하고 반듯하며 파리로 된 그 나라의 땅은 보배 나무로 장식되어 있고, 언덕이나 구렁·모래·자갈·가시덤불·똥오줌 등의 더러운 것들이 없으며, 귀한 꽃들이 땅을 덮고 있어 주변은 늘 청정하고, 그 나라 백성들은 모두 훌륭한 집과 아름다운 누각에서 사느니라.

성문 제자의 수는 무량무변하여 셈이나 비유로는 알 수가 없으며, 보살들 또한 천만억 나유타에 이르느니라. 명상여래의 수명은 12소겁이요, 정법과 상법이 이 세상에 머무름은 각각 20소겁이니라. 그 부처님은 늘 허공에 머무르면서 대중들에게 설법하여 한량없는 보살과 성문들을 해탈케 하느니라."

세존께서는 이 뜻을 거듭 밝히고자 게송으

로 이르셨다.

여러 모든   비구들아   너희에게   이르노니
한마음을   기울여서   나의 말을   잘 들으라
수보리는   성불하면   명상(名相)이라   이름한다
한량없는   만억부처   친견하여   공양하고
부처님들   따르면서   점점 큰 도   이루다가
마지막의   몸을 받아   삼십이상   다 갖추니
단정하고   미묘하기   보배로운   산과 같다
명상여래   불국토는   장엄하고   깨끗하여
이를 보는   사람마다   사랑하고   기뻐하며
부처님은   그 곳에서   무량 중생   제도한다
명상여래   법 속에는   보살들이   가득한데
모두 근기   영리하고   불퇴전의   법륜 굴려
그 나라를   장엄하고   빛이 나게   하느니라
셀 수 없이   많고 많은   여러 성문   무리들은
하나같이   삼명(三明) 얻고   육신통을   갖추었고
팔해탈(八解脫)에   머무르며   큰 위덕을   발하노라

명상여래　설법하며　나타내는　신통변화
한량없고　가이없어　불가사의　하옵기에
항하모래　같이많은　천인들과　사람들이
모두함께　합장하고　그 설법을　듣느니라
명상여래　누릴수명　십이소겁　능히되고
바른정법　그 세상에　이십소겁　머무르며
정법뒤의　상법또한　이십소겁　머무니라

세존께서는 다시 비구들에게 이르셨다.

"내 너희에게 이르노라. 마하가전연은 미래세에 갖가지 공양물로 8천억이나 되는 부처님들을 받들어 섬기고 공양하고 공경하고 존중하느니라. 그리고 그 부처님들이 멸도하신 뒤에는 금·은·유리·자거·마노·진주·매괴 등의 칠보로, 높이 천 유순, 둘레 5백 유순인 탑을 세워, 꽃과 영락과 바르는 향과 가루 향과 사르는 향과 천개(天蓋)와 깃발 등으로 공양을 하느니라.

이 불사를 마친 뒤에는 다시 탑에 공양을 한 것과 같이 2만억이나 되는 부처님들을 공양하고, 이를 다한 뒤에 보살도를 완전히 갖추어 성불하리니, 이름은 염부나제금광(閻浮那提金光)여래·응공·정변지·명행족·선서·세간해·무상사·조어장부·천인사·불세존이니라.

평평하고 반듯하며 파리로 된 그 나라의 땅에는 보배 나무가 줄지어 서있고, 길가는 황금줄로 장식되어 있으며, 늘 묘한 꽃들이 땅을 덮고 한없이 청정하여, 보는 이마다 기뻐하느니라.

사악도(四惡道)인 지옥·아귀·축생·아수라가 없고 천인들과 인간들이 많으며, 한량없는 성문들과 보살들이 그 국토를 빛내느니라. 그 부처님의 수명은 12소겁이요, 정법과 상법은 각각 20소겁 동안 세상에 머무느니라."

세존께서는 이 뜻을 거듭 밝히고자 게송으로 이르셨다.

비구들아 모름지기 일심으로 들을지니
내가 설한 모든 법문 진실하고 틀림없다
큰 비구인 가전연은 여러 좋은 공양물로
많고 많은 부처님께 공양하게 될 것이요
부처님들 멸도한 뒤 칠보탑을 건립하여
아름다운 꽃과 향을 불사리에 공양하고
마지막의 몸으로써 부처님의 지혜 얻어
　　　　　　　　　　等正覺
가장 높고 평등하온 등정각을 이루니라
청정국토 그곳에서 만억 중생 제도하고
시방 중생 모두에게 많은 공양 받게 되니
그 부처님 밝은 광명 누가 감히 능가하랴
　　　　　　　　　　閻浮金光
그리하여 이름까지 염부금광 이라하며
일체 미혹 모두 끊은 보살들과 성문들이
셀 수없이 많고 많아 그 나라를 빛내노라

그때 세존께서 다시 대중들에게 이르셨다.
"내 너희들에게 이르노니, 마하목건련은 미래세에 갖가지 공양물로 8천 부처님들을 공양하고 공경하고 존중하느니라. 그리고 그 부처님들이 멸도하면 금·은·유리·자거·마노·진주·매괴 등의 칠보로 높이 천 유순, 둘레 5백 유순의 탑을 세워, 갖가지 꽃과 영락과 바르는 향과 가루 향과 사르는 향과 천개·깃발 등으로 공양하느니라.

이 불사를 마친 뒤에는 2백만억이나 되는 부처님들을 탑에 공양하는 것과 같이 공양한 뒤에 성불하리니, 이름은 다마라발전단향(多摩羅跋栴檀香)여래·응공·정변지·명행족·선서·세간해·무상사·조어장부·천인사·불세존이요, 겁의 이름은 희만(喜滿), 나라의 이름은 의락(意樂)이니라.

평평하고 반듯하며 파리로 된 그 나라의 땅은 보배 나무가 줄지어 서 있고, 진주화(眞珠華)가 땅에 뿌려져 있으며, 한없이 청정하여 보는 이마다 기뻐하느니라. 그 나라에는 천인과 인간이 매우 많고 보살과 성문들 또한 한량이 없느니라. 그 부처님의 수명은 24소겁이요,

정법과 상법은 각각 40소겁 동안 세상에 머무느니라."

세존께서는 이 뜻을 거듭 밝히고자 게송으로 이르셨다.

나의 제자 　목건련은 　이번 생을 　마친 뒤에
八千佛
팔천불과 　이백만억 　부처님을 　친견하여
無上佛道
무상불도 　얻기 위해 　공양하고 　공경하며
부처님들 　계신 데서 　청정하게 　수행하고
한량없는 　세월동안 　부처님 법 　받드노라
부처님들 　열반하면 　칠보탑을 　세우나니
금으로 된 　깃대 달고 　꽃과 향과 　기악으로
불사리탑 　공양하고 　보살도를 　구족한 뒤
　　　　　　　　　　　　　　　　　　意樂
부처님이 　되시나니 　나라 이름 　의락이요
　　　　　多摩羅跋　梅檀香佛
그 이름은 　다마라발 　전단향불 　이라 하며
그 부처님 　누릴 수명 　이십소겁 　능히 된다
천인들과 　사람 위해 　항상 불도 　설하시니
항하 모래 　만큼 많은 　한량없는 　성문들은

육신통과　　삼명(三明) 갖춰　　큰 위덕을　　구족하고
굳건하게　　정진하는　　많고 많은　　보살들은
부처 지혜　　구함에서　　물러나지　　않느니라
전단향불　　열반 뒤에　　그 세상에　　머무르는
정법 시기　　상법 시기　　각각 사십　　소겁이다

나의 여러　　제자 중에　　위엄과 덕　　갖춘 이는
그 수효가　　오백이니　　한 사람도　　빠짐없이
모두가 다　　불도 이뤄　　부처됨을　　수기한다
이제 나와　　너희들의　　지난 세상　　인연들을
분명하게　　설하리니　　마음 모아　　잘 들으라

제7 화성유품
第七 化城喩品

부처님께서 비구들에게 이르셨다.

"지나간 과거의 무량무변 불가사의한 아승지겁 전에 한 부처님이 계셨으니, 이름은 대통지승여래(大通智勝)·응공·정변지·명행족·선서·세간해·무상사·조어장부·천인사·불세존이었으며, 나라 이름은 호성(好城)이요, 겁의 이름은 대상(大相)이었느니라.

비구들아, 그 부처님께서 멸도하신 지는 매우 오래되었느니라. 예를 들어 삼천대천세계에 있는 모든 땅을 갈아 먹물로 만든 다음, 동쪽으로 1천 국토를 지나서 티끌만한 먹물 한 방울 떨어뜨리고, 또 1천 국토를 지나서

한 방울 떨어뜨리기를 먹물이 다하도록 되풀이한다고 하자. 너희는 어떻게 생각하느냐? 그 국토들의 수를 수학자나 그 제자가 능히 알 수 있겠느냐?"

"알지 못하옵니다, 세존이시여."

"비구들아, 먹물을 한 방울씩 떨어뜨렸든 떨어뜨리지 않았든, 그 사람이 지나간 국토들 모두를 다 부수어 티끌로 만든 다음 그 티끌 하나를 1겁으로 친다 해도, 대통지승불께서 멸도하신 지는 이보다 더 오래된 무량무변 백천만억 아승지겁 전이었느니라. 나는 여래(如來) 지견력(知見力)을 가지고 있기 때문에 그와 같이 오래된 일을 오늘 일처럼 볼 수 있느니라."

세존께서 거듭 게송으로 이르셨다.

지난세상 생각하니 한량없는 겁 이전에
대통지승(大通智勝) 여래라는 부처님이 계셨도다
그 부처님 멸도한지 얼마만큼 지났는가

예를 들면   어떤 사람   삼천대천   국토 속의
모든 땅을   잘 갈아서   많은 먹을   만든 다음
일천국토   지나면서   한 방울씩   떨어뜨려
모든 국토   전전하며   그 먹물을   다 쓴 뒤에
먹물 찍은   국토들과   찍지 않은   국토들을
한데 모아   부수어서   가는 티끌   만든 다음
한 티끌을   일겁으로   다시 계산   하여보라
그 세월의   오래됨은   헤아릴 수   없느니라
한량없고   가이없고   길고 먼 겁   전이지만
나는 부처   지혜로써   저 부처님   멸도함과
성문 보살   행한 일들   오늘 일을   보듯 한다
비구들아   알지니라   부처님의   대지혜는
미묘하고   청정하고   어디에도   걸림 없어
한량없는   겁전 일도   남김 없이   아느니라

_{劫 前}

　부처님께서 비구들에게 이르셨다.
　"대통지승불의 수명은 5백4십만억 나유타 겁이셨다. 그 부처님은 일찍이 도량에 앉아

제7 화성유품 · 59

마군(魔軍)을 이기고 아뇩다라삼먁삼보리를 얻고자 하였으나, 제불(諸佛)의 법(法)이 눈앞에 나타나지 아니하였느니라. 그리하여 1소겁에서 10소겁에 이르도록 결가부좌를 한 채 몸과 마음을 움직이지 않았으며, 그래도 제불의 법은 나타나지 않았느니라.

그러자 도리천(忉利天)의 천인들이 나서서, 그 부처님을 위해 보리수 아래에다 높이 1유순이나 되는 사자좌를 마련해 드렸느니라.

부처님께서는 '반드시 위없는 바른 깨달음을 얻으리라' 하면서 그 자리에 앉으셨고, 범천왕들은 사방으로 백유순에 이르기까지 갖가지 하늘 꽃을 비 내리듯 뿌렸느니라.

또한 향기로운 바람이 때때로 불어와 시든 꽃을 날려 보내면, 다시 싱싱한 꽃을 끊임없이 공양하기를 10소겁 동안 하였으며, 나아가 멸도하실 때까지 항상 꽃비를 내렸느니라.

사왕천(四王天)의 여러 천인들은 그 부처님을 공양

하기 위해 늘 하늘 북을 울렸고, 그 밖의 천인들은 하늘의 악기로 연주하였으니, 10소겁 동안은 물론이요 멸도하실 때까지 그렇게 하였느니라.

비구들아, 대통지승불께서는 10소겁이 지나서야 제불의 법이 눈앞에 나타나 아뇩다라삼먁삼보리를 이루셨느니라.

그 부처님은 출가하시기 전에 16명의 왕자를 두었는데, 맏아들의 이름은 지적(智積)이었다. 그 왕자들에게는 저마다 진기한 장난감이 있었지만, 아버지가 아뇩다라삼먁삼보리를 얻었다는 말을 듣고는 모두들 장난감을 버리고 부처님 계신 곳으로 나아갔느니라.

그때 그들의 어머니는 울면서 전송하였고, 그들의 조부인 전륜성왕은 백 명의 대신과 백천만억의 백성들과 함께 대통지승여래의 도량으로 나아갔느니라.

그들은 대통지승여래를 친견하여 공양하고

공경하고 존중하고 찬탄하면서 머리를 숙여 발에 예배드리고 주위를 돈 다음, 일심 합장하고 세존을 우러러보며 게송으로 아뢰었느니라.

威德
위덕크신 세존께서 중생제도 하시고자
한량없는 겁을지나 부처님이 되셨으니
모든소원 이루셨네 거룩하기 끝이없네
세존매우 드물게도 십 소겁이 지나도록
한 자리에 앉으시어 움직이지 않으신 채
고요하고 편안하고 항상 맑게 계셨을 뿐
그 마음이 산란커나 어지럽지 아니했고
마침내는 적멸얻어 무루법에 머무시니
저희 이제 성불하신 세존 친히 뵈오면서
좋은이익 얻게 됨에 크게환희 하나이다
중생들은 괴로움과 어둠 속에 있건마는
이끌어줄 스승없어 해탈의 길 모르기에
삼악도는 점점 늘고 천인들은 점차 줄며

어둠에서 나와다시 어둠으로 들어가니
부처님의 이름조차 영영듣지 못합니다
이제다시 청정한도 부처님이 이루시어
저희들과 천인들이 큰이익을 얻게됨에
부처님께 귀의하며 머리숙여 절합니다

16왕자는 이렇게 게송으로 부처님을 찬탄한 다음, 법륜을 굴리실 것을 간청하였느니라.

'세존께서 설법하시면 인간들과 천인들이 편안해 지옵니다. 저희들을 불쌍히 여겨 두루 이롭게 하옵소서.'

그리고는 다시 게송으로 아뢰었느니라.

복덕으로 장엄하고 무상지혜 이룩하여
무엇과도 비교못할 위대하신 분이시여
저희들과 여러중생 모두해탈 할수있게
참된법을 보이시어 지혜얻게 하시옵고

저희들과 중생들을 부처되게 하옵소서
세존께선 중생들의 깊은마음 비롯하여
행한 도와 지혜력(智慧力)과 닦은 복과 욕망 등의
지난세상 지은업을 남김없이 다아시니
가장 높은 무상법륜 필히 굴려 주옵소서"

부처님께서 비구들에게 이르셨다.

"대통지승불께서 아뇩다라삼먁삼보리를 얻었을 때, 시방의 5백만억 부처님 세계는 여섯 가지로 진동하였고, 해와 달의 광명도 비치지 못했던 그 나라의 어두운 곳까지도 크게 밝아져서 그곳 중생들이 서로 볼 수 있게 되었으므로, 그들은 말했느니라.

'이곳에 어찌하여 보이지 않던 중생들이 갑자기 생겨났는가?'

또 그 국토의 모든 천궁(天宮)과 범천의 궁전들이 여섯 가지로 진동하였으며, 천상의 광명보다 훨씬 더 밝은 광명이 그 세계를 두루 비추었느니라.

그때 동방의 5백만억 모든 국토 속에 있는 범천의 궁전에 평소보다 배나 밝은 광명이 비치자, 범천왕들은 각기 생각했느니라.

'지금 궁전을 비추는 광명은 전에 없이 밝다. 어떤 인연으로 이 상서가 나타났는가?'

범천왕들은 함께 모여 이 일을 의논하였는데, 그 속에 있던 구일체(救一切)라는 대범천왕이 범천의 무리들에게 게송으로 말했느니라.

이 궁전에　전에없이　밝은광명　비치나니
그 인연이　무엇인지　서로함께　찾아보자
대덕천인(大德天人)　나심인가　부처님의　출현인가
이와같은　큰 광명이　시방세계　비추다니

이때 동방 5백만억 국토의 범천왕들은 옷 속에 갖가지 하늘 꽃을 가득 담은 다음, 궁전을 이끌고 함께 서쪽으로 나아가 광명이 비

제7 화성유품 · 65

치는 이유를 찾았느니라. 그러다가 천·용·건달바·긴나라·마후라가·인비인(人非人) 등이 보리수 아래의 사자좌에 앉아 계신 대통지승여래를 공경하면서 둘러싸고 있는 모습을 보게 되었고, 또 16왕자가 법륜을 굴리시기를 청하는 모습도 보게 되었느니라.

그 즉시 범천왕들은 부처님의 발에 머리를 숙여 예배드리고 부처님 주위를 백천 번 돈 다음, 부처님 위에 수미산(須彌山) 만큼이나 되는 하늘 꽃을 뿌렸느니라. 그리고 높이 10유순이나 되는 보리수에도 하늘 꽃을 공양한 뒤, 이끌고 온 궁전을 바치며 아뢰었느니라.

'저희를 불쌍히 여기고 두루 이롭게 하옵시는 뜻으로 이 궁전을 받아 주소서.'

범천왕들은 일심동성(一心同聲)〔한마음 한목소리〕으로 게송을 읊었느니라.

세존매우 희유하여 만나 뵙기 어렵도다

무량 공덕 갖추시어 일체 능히 구호하고
천인 인간 스승 되어 세간 중생 애민(哀愍)하니
시방세계 중생들이 큰 이익을 입나이다
저희들은 오백만억 각기 다른 국토에서
선정락(禪定樂)을 다 버리고 공양코자 왔나이다
지난 세상 복덕으로 장엄하고 이룬 궁전
부처님께 바치오니 부디 받아 주옵소서

범천왕들은 찬탄하고 다시 아뢰었느니라.
'바라옵건대 법륜을 굴리시어 중생들이 해탈할 수 있게 하고 열반의 길을 열어주소서.'
그리고는 일심동성으로 게송을 읊었느니라.

양족존인 세존이여 바라오니 법 설하여
대자비의 힘으로써 고뇌(苦惱) 중생 구하소서

그때 대통지승여래께서는 잠자코 이를 허락하셨느니라.

제7 화성유품 · 67

또한 비구들아, 동남방의 5백만억 국토에 있는 대범천왕들도 그들의 궁전에 예전에 없던 밝은 광명이 비치는 것을 보고는 크게 기뻐하고 놀라워하면서 함께 모여 이 일을 의논하였으며, 그때 대비(大悲)라는 대법천왕이 범천의 무리들에게 게송으로 말했느니라.

이 일 어떤 인연으로 나타나게 되었는가
모든 궁전 전에 없던 광명으로 가득하니
대덕천인(大德天人) 나심인가 부처님의 출현인가
일찍 보지 못한 상서 일심으로 원인 찾되
천만억의 국토 모두 다니면서 찾아보세
그 어쩌면 고통 받는 중생들의 해탈 위해
부처님이 이 세상에 출현하심 아닐는지

이때 동남방 5백만억 범천왕들은 옷 속에 갖가지 하늘 꽃을 가득 담은 다음, 각자의 궁전을 이끌고 함께 서북쪽으로 나아가 광명이 비치는 이유를 찾았느니라. 그러다가 천·용·건달바·긴나라·마후라가·인비인 등이 보리수 아래의 사자좌에 앉아 계신 대통지승여래를 공경하면서 둘러싸고 있는 모습을 보게 되었고, 또 16왕자가 법륜 굴리시기를 청하는 모습도 보게 되었느니라.

그 즉시 범천왕들은 부처님의 발에 머리를 숙여 예배드리고 부처님 주위를 백천 번 돈 다음, 부처님 위에 수미산만큼이나 되는 하늘 꽃을 뿌렸느니라. 그리고는 높이 10유순이나 되는 보리수에도 하늘 꽃을 공양한 뒤, 이끌고 온 궁전을 바치며 아뢰었느니라.

'저희들을 불쌍히 여기고 두루 이롭게 하옵시는 뜻으로 이 궁전을 받아 주소서.'

범천왕들은 일심동성으로 게송을 읊었느니라.

성주(聖主)시며 천중왕(天中王)이 가릉빈가 음성으로

중생 위해 설법함에 모두경배 하옵니다
희유하기 그지없는 세존 출현 언제였나
백팔십겁 지나도록 나타나지 않았기에
삼악도는 가득차고 천인 줄고 있나이다
이제 부처 출현하여 중생들의 눈이 되니
세간 모두 귀의하여 참된 도를 구합니다
부디 모든 중생들의 아버지가 되시어서
불쌍하게 여기시고 큰 이익을 주옵소서
저희들은 여러 생에 쌓고이룬 복덕분에
지금 바로 여기에서 부처님을 뵙나이다

　범천왕들은 찬탄하고 다시 여쭈었느니라.
　'바라옵건대 세존께서는 저희 모두를 불쌍히 여기시고 법륜을 굴리시어 중생들이 해탈할 수 있게 하옵소서.'
　그리고는 일심동성으로 게송을 읊었느니라.

크나크신 성인이여 대법륜을 굴리시어

모든 법의 참 모습을 나타내어 보이시고
고뇌 중생 구제하여 환희롭게 하옵소서
이 법 듣는 중생들은 제도 받아 천(天)에 나며
삼악도는 줄어들고 착한 이는 늘어나리

그때 대통지승여래께서는 잠자코 이를 허락하셨느니라.

또한 비구들아, 남방의 5백만억 국토에 있는 대범천왕들도 그들의 궁전에 예전에 없던 밝은 광명이 비치는 것을 보고는, 크게 기뻐하고 놀라워하면서 함께 모여 의논하였느니라.

'어떠한 인연으로 우리들의 궁전에 이러한 광명이 비치는가?'

이때 그들 중 묘법(妙法)이라는 대범천왕이 범천의 무리들에게 게송으로 말했느니라.

우리들의 궁전마다 대광명이 가득하니

그 인연이 무엇인지 분명하게 찾아보자
지난세월 백천겁에 이런일이 없었으니
대덕천인(大德天人) 나심인가 부처님의 출현인가

　이때 남방 5백만억 범천왕들은 옷자락에 갖가지 하늘 꽃을 가득 담은 다음, 각자의 궁전을 이끌고 함께 북쪽으로 나아가 광명이 비치는 이유를 찾았느니라. 그러다가, 천·용·건달바·긴나라·마후라가·인비인 등이 보리수 아래의 사자좌에 앉아 계신 대통지승여래를 공경하면서 둘러싸고 있는 모습을 보게 되었고, 또 16왕자가 법륜을 굴리시기를 청하는 모습도 보게 되었느니라.

　그 즉시 범천왕들은 부처님의 발에 머리숙여 예배드리고 부처님 주위를 백천 번 돈 다음, 부처님 위에 수미산만큼이나 되는 하늘 꽃을 뿌렸느니라. 그리고는 높이 10유순이나 되는 보리수에도 하늘 꽃을 공양한 뒤, 이끌고 온 궁전을 바치며 아뢰었느니라.

'저희들을 불쌍히 여기고 두루 이롭게 하옵시는 뜻으로 이 궁전을 받아 주소서.'

범천왕들은 일심동성으로 게송을 읊었느니라.

모든번뇌 깨뜨리신 세존뵙기 어렵나니
백삼십겁 지나서야 이제겨우 만나뵙네
기갈속의 중생에게 법비가득 내리시니 _{飢 渴}
예전에는 보지못한 지혜지닌 분이로다
우담바라 꽃을보듯 오늘에야 뵙게되니
광명받아 더빛나는 저희들의 여러궁전
세존이여 대자비로 부디받아 주옵소서

범천왕들은 찬탄하고 다시 아뢰었느니라.

'바라옵건대 법륜을 굴리시어 모든 세간의 천인·마구니·범천·사문·바라문들로 하여금 편안함을 얻고 해탈을 얻게 하옵소서.'

제7 화성유품 · 73

그리고는 일심동성으로 게송을 읊었느니라.

가장 높은 분이시여　　무상법륜(無上法輪) 굴리시며
큰 법고(法鼓)를 치시옵고　큰 법라(法螺)를 부시면서
큰 법비를 내리시어　　무량중생 구하소서
저희 모두 한결같이　　귀의하여 청하오니
넓고깊은 음성으로　　법을 설해 주옵소서

그때 대통지승여래께서는 잠자코 이를 허락하셨느니라.

그리고 서남방과 하방(下方)에서도 이와 같은 일이 있었느니라.

또 상방(上方)의 5백만억 국토에 있는 대범천왕들은 그들의 궁전에 예전에 없던 밝은 광명이 비치는 것을 보고는, 크게 기뻐하고 놀라워하면서 함께 모여 의논하였느니라.

'무슨 인연으로 우리들의 궁전에 이러한 광명이 비치는가?'

이때 그들 중 시기(尸棄)라는 대범천왕이 범천의 무리들에게 게송으로 말했느니라.

지금무슨　인연으로　우리들의　궁전마다
위덕광명(威德光明)　가득하고　아름답게　변했는가
이와같이　묘한일은　듣도보도　못했나니
대덕천인　나심인가　부처님의　출현인가

이때 상방 5백만억 범천왕들은 옷자락에 갖가지 하늘 꽃을 가득 담은 다음, 각자의 궁전을 이끌고 모두 함께 아래쪽으로 나아가 광명이 비치는 이유를 찾았느니라. 그러다가 천·용·건달바·긴나라·마후라가·인비인 등이 보리수 아래의 사자좌에 앉아 계신 대통지승여래를 공경하면서 둘러싸고 있는 모습을 보게 되었고, 또 16왕자가 법륜을 굴리시기를 청하는 모습도 보게 되었느니라.

그러자 범천왕들은 부처님의 발에 머리 숙

여 예배드리고 부처님 주위를 백천 번 돈 다음, 부처님 위에 수미산만큼이나 되는 하늘 꽃을 뿌렸느니라. 그리고는 높이 10유순이나 되는 보리수에도 하늘 꽃을 공양한 뒤, 이끌고 온 궁전을 바치며 아뢰었느니라.

'저희들을 불쌍히 여기고 두루 이롭게 하옵시는 뜻으로 이 궁전을 받아 주소서.'

범천왕들은 일심동성으로 게송을 읊었느니라.

거룩하신 부처님은 세상 고난 구제하고
삼계 감옥 갇힌 중생 부지런히 건져내며
세상에서 가장 높고 모든 것을 아시오니
감로문을 활짝 열어 제도하여 주옵소서
한량없는 오랜 세월 부처님이 없었으니
세존 아니 계신 동안 시방세계 캄캄하여
삼악도가 점점 늘고 아수라들 성했으며
천인 죽어 악도(惡道)가서 수가 점점 줄어들고

부처님법 들지못해 착한일을 아니하면
몸의 힘과 지혜들이 날로감소 했나이다
죄업지은 인연으로 즐거움을 잃게 되고
삿된법에 머무를뿐 선한법을 몰랐으며
부처님법 못 만나니 어찌 악도 면했으리
세간 눈인 부처님이 이제 출현 하셨도다
고통받는 여러 중생 불쌍하게 여기시어
이 세상에 오시어서 무상정각(無上正覺) 이루시니
저희들과 모든 중생 수희찬탄(隨喜讚歎) 하옵니다
광명 비춰 더욱 밝게 빛이 나는 저희궁전
부처님께 바치오니 부디 받아 주옵소서
원하오니 이 공덕이 모든 것에 두루 미쳐
저희들과 중생 모두 성불하게 하옵소서

범천왕들은 찬탄하고 또다시 아뢰었느니라.
'바라옵건대 법륜을 굴리시어 많은 이들이
편안함을 얻고 해탈을 얻게 하옵소서.'
그리고는 다시 게송을 읊었느니라.

무상법륜 굴리시고 감로의 북 울리시며
고뇌 중생 제도하고 열반의 길 보이소서
바라오니 저희 간청 불쌍하게 여기시어
한량없는 겁을 통해 닦고 익힌 그 법륜을
미묘하기 그지없는 음성으로 설하소서

 그때 대통지승여래께서는 시방의 모든 범천왕들과 16왕자의 간청을 받으시고 곧바로 십이행(十二行)의 법륜을 세 번 굴리셨느니라〔三轉十二行(삼전십이행)〕. 이는 사문이나 바라문·천인·마구니·법천 등 세상의 어느 누구도 굴릴 수 없는 가르침이니, 이른바 고성제(苦聖諦)·고집성제(苦集聖諦)·고멸성제(苦滅聖諦)·고멸도성제(苦滅道聖諦)가 그것이니라.
 또 십이인연법(十二因緣法)을 널리 설하셨느니라
 '무명(無明)을 연(緣)으로 삼아 행(行)이 생기고, 행을 연으로 삼아 식(識)이 생기고, 식을 연으로 삼아 명색(名色)이 생기고, 명색을 연으로 삼아 육입(六入)이 생기고, 육입을 연으로 삼아 촉(觸)이 생기고, 촉을 연으로 삼아 수(受)가 생기고, 수를 연으로 삼아 애(愛)가 생기고, 애를 연으로 삼아 취(取)가 생기고, 취를 연으로 삼아 유(有)가 생기고, 유를 연으로 삼아 생(生)이 생기며, 생을 연으로 삼아 노사(老死)와 근심·슬픔·고통·번뇌〔憂悲苦惱〕가 생기느니라.

그러므로 무명(無明)이 없어지면 행(行)이 없어지고, 행이 없어지면 식(識)이 없어지고, 식이 없어지면 명색(名色)이 없어지고, 명색이 없어지면 육입(六入)이 없어지고, 육입이 없어지면 촉(觸)이 없어지고, 촉이 없어지면 수(受)가 없어지고, 수가 없어지면 애(愛)가 없어지고, 애가 없어지면 취(取)가 없어지고, 취가 없어지면 유(有)가 없어지고, 유가 없어지면 생(生)이 없어지며, 생이 없어지면 노사(老死)와 근심·슬픔·고통·번뇌 등이 모두 없어지느니라.'

부처님께서 천인과 사람들 가운데에서 이 법을 설하시자, 6백만억 나유타에 이르는 사람들이 온갖 세간의 법에 집착하지 않게 되어 모든 번뇌[漏]로부터 해탈하였고, 깊고 묘한 선정의 경지와 삼명(三明)과 육신통(六神通)과 팔해탈(八解脫)을 성취하였느니라.

또 두 번째·세 번째·네 번째 설법을 하셨을 때에도 천만억 나유타만큼 많은 중생들이 온갖 세간의 법에 집착하지 않게 되어 모든 번뇌로부터 해탈하였으며, 그 후로 생겨난 성문은 이루 헤아릴 수조차 없이 많았느니라.

그때 16왕자는 동자의 몸으로 출가를 하여 사미(沙彌)가 되었는데, 그들은 모든 감각이 예리하고 지혜가 밝았으니, 일찍이 백천만억 부처님들을 공양하고 청정행을 닦으며 아뇩다라삼먁삼보리를 추구하였기 때문이니라.

16사미가 부처님께 아뢰었느니라.

'세존이시여, 이 수천만억에 이르는 덕 높은 성문들은 이미 다 성취하였나이다. 세존이시여, 이제 저희를 위하여 아뇩다라삼먁삼보리에 대한 가르침을 설하여 주소서. 저희들은 그 법 듣고 함께 힘써 수행코자 하옵니다. 세존이시여, 저희들이 여래지견(如來知見)에 뜻을 두고 있다는 것을, 저희의 마음 깊은 곳까지 꿰뚫어 보고 계신 부처님께서는 잘 아실 것이옵니다.'

그때 전륜성왕이 이끌고 온 무리들 가운데 8만억의 사람이 16왕자가 출가하는 모습을 보고 그들도 출가를 하고자 하였는데, 왕은 그 자리에서 허락하였느니라.

그때 대통지승불께서는 사미들의 간청을 받아들여, 그 후 2만 겁이 지난 다음에 사부대중에게 이 대승경전을 설하셨으니, 이름은 묘법연화(妙法蓮華)요, 보살을 가르치는 법이며, 모든 부처님들께서 보호하고 살피시는 경이니라.

부처님께서 이 경을 설하시자, 16사미는 아뇩다라삼먁삼보리를 이루기 위해 함께 수지 독송하여 깊은 뜻을 통달하였느니라. 이렇게 16보살사미(菩薩沙彌)는 다 믿고 받아지녔으며, 성문의 무리 중에도 믿고 이해하는 이가 있기는 하였으나, 그 밖의 천만억에 이르는 중생들은 모두 의혹을 품었느니라.

부처님께서는 8천 겁 동안 이 경을 잠시도 멈추지 않고 설하셨으며, 이 경을 다 설한 뒤에는 고요한 방으로 들어가 8만4천 겁 동안 선정에 드셨느니라.

이때 16보살사미는 부처님께서 방에 들어가 조용히 선정에 머물러 계심을 알고, 각기 법좌에 올라 8만4천 겁 동안 사부대중에게 묘법연화경의 가르침을 자세하게 설명하여, 제각기 6백만억 나유타 항하사(恒河沙)[갠지스강의 모래]만큼의 중생들에게 이익과 기쁨을 주고 아뇩다라삼먁삼보리를 얻고자 하는 마음을 일으키게 하였느니라.

대통지승불께서는 8만4천 겁이 지난 뒤 삼매(三昧)에서 일어나 법좌에 편히 앉으시더니 대중들에게 이르셨느니라.

'이 16보살사미는 놀라울 정도로 모든 감각이 예리하고 지혜가 밝다. 그들은 일찍이 천만억 부처님을 공양하고 그 부처님들 밑에서 청정행을 닦았으며, 받아 지닌 부처님의 지혜를 중생들에게 열어보여서 그 속으로 들어오게 하였느니라. 그러므로 너희는 16보살을 자주 찾고 공양하여야 한다. 그 까닭이 무엇인가? 성문이든 벽지불이든 보살이든 이 16보살이 설하는 경과 법을 비방하지 않고 받아 지니게 되면, 반드시 아뇩다라삼먁삼보리와 여래의 지혜를 얻게 될 것이기 때문이니라.'"

석가모니불께서 비구들에게 이르셨다.

"16보살은 항상 묘법연화경을 즐겨 설하였으며, 그들이 교화한 수백만억 나유타 항하사만큼의 많은 중생들은 세세생생 16보살들과 함께 하며 법을 듣고 믿고 이해하였느니라. 이때의 인연으로 그들은 그 뒤 4백만억 부처님들을 만나 뵈었으며, 아직도 그 인연은 끝나지 않고 있느니라.

비구들아, 내 너희에게 이르노니, 저 부처님의 제자인 16사미는 모두가 이미 아뇩다라삼먁삼보리를 얻었으며, 지금 시방의 국토에서 백천만억이나 되는 보살과 성문 대중들을 이끌며 설법하고 계시느니라.

그 가운데 두 사미는 동쪽에서 성불하였으니 한 분은 환희국(歡喜國)의 아촉불(阿閦佛)이요 또 한 분은 수미정불(須彌頂佛)이며, 동남쪽에도 두 부처님이 계시니 한 분은 사자음불(師子音佛)이요 다른 한 분은 사자상불(師子相佛)이니라.

남쪽에도 두 부처님이 계시니 한 분은 허공주불(虛空住佛)이요 다른 한 분은 상멸불(常滅佛)이며, 서남쪽에도 두 부처님이 계시니 한 분은 제상불(帝相佛)이요 다른 한 분은 범상불(梵相佛)이니라.

서쪽에도 두 부처님이 계시니 한 분은 아미타불(阿彌陀佛)이요 다른 한 분은 도일체세간고뇌불(度一切世間苦惱佛)

이며, 서북쪽에도 두 부처님이 계시니 한 분은 다마라발전단향신통불(多摩羅跋梅檀香神通佛)이요 다른 한 분은 수미상불(須彌相佛)이니라.

북쪽에도 두 부처님이 계시니 한 분은 운자재불(雲自在佛)이요 다른 한 분은 운자재왕불(雲自在王佛)이며, 동북쪽의 부처님은 괴일체세간포외불(壞一切世間怖畏佛)과 16번째인 바로 나 석가모니불(釋迦牟尼佛)이니, 모두가 사바세계에서 아뇩다라삼먁삼보리를 이루었느니라.

비구들아, 우리가 사미였을 때 항하사만큼 많은 중생들을 교화하였는데, 그들이 나를 따라 법을 들음은 아뇩다라삼먁삼보리를 얻기 위함이었느니라.

이 중생들 가운데 아직도 성문의 경지에 있는 이가 있어 나는 항상 아뇩다라삼먁삼보리를 이루도록 교화하는 것이니, 그들은 이 가르침을 통하여 차츰 부처님 되는 길〔佛道〕속으로 들어서야 하느니라. 왜냐하면 여래의 지혜는 믿기 어렵고 알기 어렵기 때문이니라.

제7 화성유품 · 85

그때 교화했던 항하사만큼 많은 중생들이란 너희 모든 비구들과 내가 멸도(滅度)〔열반〕한 뒤의 미래 세상에 있을 성문 제자들이니라.

내가 멸도한 뒤 어떤 제자들은 이 경을 듣지도 못하고 보살이 행하는 바를 알지도 깨닫지도 못하였건만, '나 스스로 얻은 공덕으로 멸도를 얻었다' 생각하고는 열반에 들 것이다. 그러나 내가 다른 국토에서 다른 이름으로 성불을 할 때, '멸도를 얻었다' 생각하며 열반에 들었던 그는 내가 있는 국토에 다시 태어나 부처의 지혜를 구하면서 이 경을 듣게 되느니라.

오직 일불승(一佛乘)이라야 참된 멸도(滅度)를 얻을 수 있을 뿐 다른 가르침〔乘(승)〕은 없나니, 모든 여래께서 방편으로 설한 성문승과 연각승도 제외되느니라.

비구들아, 만일 여래가 열반에 들 때가 가까워지면 대중들 또한 청정하고 믿음과 앎이

견실해지며, 모든 것이 공(空)함을 요달하여 깊은 선정을 성취하게 되나니, 여래는 이를 알고 곧 성문과 보살들을 모아 이 경을 설하느니라.

이 세간에서 이승(二乘)으로는 멸도(滅度)를 할 수가 없다. 오직 일불승이라야 멸도를 할 수 있느니라.

비구들아, 마땅히 알아라. 나는 중생들이 작은 법을 좋아하고 오욕에 깊이 집착하는 성품을 꿰뚫어 보았기에 방편으로 열반을 설한 것이니, 나의 이 말을 듣고는 곧바로 믿고 받아들여야 하느니라. 비유를 들리라.

④ 화성유化城喩

5백유순이나 되는 아주 험난하고 사람마저 살지 않아 두렵기 그지없는 나쁜 길이 있는데, 사람들이 보물이 있는 곳으로 가기 위해 그 길을 지나가려 하였느니라.

그때 그들 가운데 한 길잡이 [導師]도 사가 있었으니, 총명한 지혜로 이 험난한 길의 통하고 막혀 있는 형세를 환히 알고 있었기에, 무리들을 이끌고 그 무서운 곳을 지나가게 되었느니라. 그러나 중도에 피곤함과 게으름이 생겨난 이들이 길잡이에게 말했느니라.

'우리는 몹시 피곤한 데다가 무서워서 더 이상 갈 수가 없습니다. 더욱이 앞으로 가야 할 길도 너무 멉니다. 그만 돌아가도록 합시다.'

이에 갖가지 방편을 지니고 있었던 길잡이는 생각했느니라.

'이 사람들은 참 불쌍하구나. 어찌하여 크고도 진귀한 보물을 포기하고 돌아가려 하는가?'

그리고는 방편의 힘으로 그 험한 길의 3백 유순 되는 지점에 신통력으로 화성(化城) 하나를 만든 다음 무리들에게 말했느니라.

'여러분, 두려워하지 마십시오. 그리고 돌아갈 생각도 하지 마십시오. 여기 큰 성이 있으니 들어가서 마음대로 지내십시오. 이 성에 들어가면 안온함을 얻을 수 있을 것입니다. 그리고 앞으로 더 나아가면 보물이 있는 곳에 다다를 수 있습니다.'

지쳐 있던 무리들은 크게 기뻐하면서 일찍이 없던 일이라 찬탄하며 말했느니라.

'이제 이 험한 길을 벗어나 편안함을 얻게 되었도다.'

그리고는 눈앞에 있는 화성으로 들어가서, 이미 험한 길을 다 벗어난 듯이 편안하게 쉬었느니라.

그 뒤 길잡이는 무리들이 휴식을 취하여 피곤함이 없어진 것을 알고는 화성을 없애 버리고 무리들에게 말했느니라.

'여러분, 이제 떠납시다. 보물 있는 곳이 가깝습니다. 그리고 앞서 있던 큰 성은 그대들

을 쉬도록 하기 위해 내가 신통력으로 만든 것이었소.'

비구들아, 여래 또한 이와 같이, 너희를 인도하는 대도사(大導師)이니라. 여래는 모든 생사 번뇌와 악도(惡道)가 험난하고 매우 긴 것을 알고 있고, 응당 떠나야 할 것과 건너야 할 방법을 잘 알고 있느니라.

그러나 부처님을 보지도 가까이 하지도 않은 중생이 일불승의 가르침만을 듣는다면, 이렇게 생각할 것이다.

'부처가 되는 길은 멀고도 멀다. 오랫동안 부지런히 고행을 한 뒤에야 성불할 수 있다.'

부처님은 중생의 마음이 약하고 겁이 많고 용렬하다는 것을 알기 때문에, 중도에 쉬게 하기 위해 방편력으로 두 가지 열반을 설한 것이니라.

그러나 중생들이 이 성문과 연각의 경지에

안주(安住)하면 여래는 곧 다시 설하느니라.

'너희는 아직 할 바를 다하지 못하였다. 너희가 머물고 있는 경지는 부처님의 지혜에 가까운 경지일 뿐이다. 너희가 얻은 열반을 잘 관찰하고 헤아려 보아라. 그것은 진실한 열반이 아니다. 다만 여래가 방편력으로 일불승을 분별하여 삼승으로 설한 것이니라.'

이는 마치 저 길잡이가 무리들을 쉬게 하기 위해 신통력으로 큰 성을 만들었다가, 충분히 쉬었음을 알고는 '보물이 있는 곳이 가깝습니다. 그리고 이 성은 진짜가 아니라 내가 신통력으로 만든 것이었소'라고 말하는 것과 같으니라."

세존께서 거듭 게송으로 이르셨다.

도량에서 십겁 동안 정좌하고 계셨으나
제불들이 깨달으신 위없는 법 보지 못해
대통지승 부처님은 성불하지 못했도다

그렇지만   여러 천인   꽃비 내려   공양하고
북을 치고   온갖 악기   계속 연주   하였으며
향기로운   바람 불어   시든 꽃을   쓸어가면
싱싱하고   새로운 꽃   다시 가득   뿌렸도다
십소겁을   지난 뒤에   부처님이   되었으니
인간 천인   모두가 다   크게 기뻐   하였도다
천만억의   권속들에   둘러싸인   십육왕자
아버지인   대통지승   부처님을   찾아가서
법륜 굴려   주시기를   간절하게   청하였다
'성자시여   법비 내려   두루 적셔   주옵소서
오랜 세월   지나야만   한 번 오는   부처님은
뵙기 매우   어렵나니   법문 크게   설하시어
모두에게   깨달음과   큰 이익을   주옵소서'
그때 동쪽   오백만억   국토 속의   범천궁(梵天宮)에
매우 밝은   빛 비치니   전에 없던   일이었다
여러 범천   이를 보고   부처님께   찾아와서
하늘 꽃을   공양하고   좋은 궁전   바치면서
부디 법륜   굴리시길   게송으로   청했으나

때 아님을 아시고서 묵묵하게 계시거늘
서남북쪽 사유 상하 온 세상의 범천들도
꽃과 궁전 공양하며 위없는법 청하였다
'세존 뵙기 어렵나니 대자비를 발하시어
甘露門   無上法輪
감로문을 활짝 열어 무상법륜 굴리소서'
무량지혜 세존께서 간절한 청 받아들여
사제법과 십이인연 등의 법문 설하시며
  無明   老死
무명에서 노사까지 인연 따라 생겨나고
이로 인해 허물 재난 일어남을 깨우쳤다
이 첫 법문 설하실 때 육백만억 많은 중생
         苦
모든 고를 다 여의고 아라한이 되었으며
두 번째의 설법에도 천만억의 무리들이
세간 집착 모두 떠나 아라한을 이루었고
              道
그 뒤에도 아라한 도 얻은 이가 무량하니
만억겁을 헤아려도 다 셀 수가 없느니라
바로 이때 십육왕자 출가하여 사미된 뒤
부처님께 청했도다 '대승법을 설하시어
저희들과 이 권속들 모두가 다 성불하여

제일가는 　맑은혜안 　얻게하여 　주옵소서'
왕자들의 　그 마음과 　지난세상 　행한 일을
다 아시는 　부처님은 　한량없는 　인연들과
많고 많은 　비유로써 　육바라밀 　설하시고
여러 가지 　신통력을 　나타내어 　보이시며
참된법과 　보살들이 　행할 도를 　분별하사
　　恒河沙數
항하사수 　게송으로 　법화경을 　설하셨다
대통지승 　부처님은 　법화경을 　다 설한 뒤
고요한 방 　들어가서 　깊은 선정 　드셨는데
팔만사천 　겁동안을 　한자리에 　계셨나니
십육사미 　부처님이 　깊은 선정 　드심 알고
한량없는 　중생 위해 　무상 지혜 　설하고자
법좌 위에 　각각 올라 　법화경을 　설했노라
대통지승 　여래께서 　멸도하고 　난 뒤에도
한분 한분 　사미들이 　법을 펴서 　교화하여
육백만억 　항하 모래 　숫자만큼 　많은 중생
모두 제도 　하였나니 　이때 법을 　들은 이는
여러 많은 　불국토에 　스승 따라 　함께 났다

佛道
불도 모두 　구족하고 　실천을 한 　십육사미
지금 시방 　세계에서 　부처되어 　계시나니
그때 법문 　들은 이들 　십육 부처 　계신데서
성문으로 　있으므로 　그들 차츰 　교화하여
가장 높은 　깨달음을 　성취하게 　하느니라
나도 십육 　왕자일 때 　너희에게 　방편 써서
인도했던 　인연 있어 　법화경을 　지금 설해
불지혜에 　들게 하니 　놀라지들 　말지니라
비유하면 　인적 없고 　맹수 많고 　물도 없고
풀도 없어 　그지없이 　두렵고도 　험한 길을
많고 많은 　천만 중생 　지나가려 　하건마는
거친 그 길 　매우 멀어 　오백유순 　이나 된다
바로 그때 　많이 알고 　지혜 밝은 　길잡이가
명료하게 　판단하여 　길 안내를 　하였건만
두려움과 　피곤함에 　지친 이들 　말했노라
'지금 우리 　너무 지쳐 　돌아가고 　싶습니다'
길잡이는 　생각했다 　'이 사람들 　딱하게도
아주 귀한 　보물 두고 　돌아가려 　하는 건가

제7 화성유품 · 95

내가 지금   방편으로   신통력을   베풀어서
큰 성곽을   만든 다음   여러 집을   장엄하고
주위에는   동산 숲과   하천 연못   다 갖추며
이중문에   높은 누각   장엄하게   만들어서
많은 남녀   편안하게   모여살 수   있게 하자'
곧 이어서   환술 부려   그와 같이   만든 다음
지쳐있는   무리 향해   위로하며   말했노라
'이 성안에   들어가서   마음대로   즐기시오'
모든사람   성에 들어   큰 기쁨을   느끼면서
'고난 모두   벗었다'며   안온함을   즐겼으며
피곤함이   사라지자   길잡이는   말했노라
'이제 다시   떠납시다   이건 바로   화성(化城)이니
여러분이   너무 지쳐   중도 포기   하려함에
방편력을   베풀어서   잠시 만든   성이라오
부지런히   전진하면   보배 땅에   이르리다'
나도 또한   이와 같아   모든 이의   도사(導師)되어
구도자들   중도에서   게으르고   해이해져
생사 번뇌   험한 길을   벗어나지   못함 보고

휴식 주려 방편으로 열반법을 설했더니
너희들은 '고통멸해 일 다했다' 하더구나
그렇지만 그 열반은 아라한과(阿羅漢果) 이름이니
이제 대중 모두 모아 진실한 법 설하노라
'부처님들 방편으로 삼승법을 말하지만
탈 수레는 오직 하나 일불승(一佛乘)만 있느니라
쉴 수 있게 하기 위해 이승(二乘) 설한 것 뿐이니
너희들이 얻은 것은 참 멸도가 아니니라
부처님의 일체 지혜 모두 얻어 가지려면
해태심을 내지 말고 부지런히 정진하라
부처님의 일체지(一切智)와 십력(十力) 등의 불법 얻고
삼십이상 갖추어야 참 멸도라 하느니라'
도사이신 부처님은 열반 설해 휴식 주고
휴식 끝난 다음에는 불지혜로 인도한다

제7 화성유품 · 97

영험 크고 성취 빠른 각종 사경집 (책 크기 4×6배판)

※ 정성껏 사경하면 큰 가피가 저절로 찾아들고, 업장참회는 물론이요 쉽게 소원을 성취할 수 있습니다. 각 책마다 사경의 방법을 자세하게 설명해 놓았습니다.

광명진언 사경 가로·세로쓰기 (1책으로 1080번 사경) 128쪽 5,000원
모든 불보살님의 총주總呪인 광명진언을 사경하면 그 가피력은 이루 다 말할 수 없을 정도입니다. 하루 108번씩 100일 동안 사경을 행하면 우리에게 크나큰 성취를 안겨주고 심중의 소원이 잘 이루어집니다.

반야심경 한글사경 (1책 50번 사경) 116쪽 5,000원
반야심경 한문사경 (1책 50번 사경) 116쪽 5,000원
반야심경을 사경하면 호법신장이 '나'를 지켜주고 공의 도리를 깨달아 평화롭고 안정된 삶이 함께합니다.

아미타경 한글사경 (1책 7번 사경) 116쪽 5,000원
살아 생전에 아미타경을 사경하거나, 부모님을 비롯한 가까운 분이 돌아가셨을 때 이 경을 쓰면 극락왕생이 참으로 가까워집니다.

관음경 한글사경 (1책 5번 사경) 112쪽 5,000원
관음경을 사경하면 가피가 한량이 없고 늘 행복이 함께 합니다. 학업성취·건강쾌유·자녀의 성공·경제 문제 등에도 영험이 매우 큽니다.

신묘장구대다라니 사경 (1책 50번 사경) 5,000원
대다라니를 사경하면 관세음보살님과 호법신장들이 '나'와 주위를 지켜주고 소원성취와 동시에, 행복하고 자비심 가득한 마음을 가질 수 있도록 해줍니다.

보현행원품 한글사경 (1책 3번 사경) 120쪽 5,000원
행원품을 사경하면 자리이타의 삶과 업장 참회, 신통·지혜·복덕·자비 등을 빨리 이룰 수 있고 세세생생 불법과 함께 하며 보살도를 성취할 수 있습니다.

부모은중경 사경 (1책 3번 사경) 112쪽 5,000원
부처님께서는 부모님의 은혜를 새기면서 이 경을 쓰게 되면 그 어떤 행보다 큰 공덕이 생겨난다고 하였습니다. 정성 들여 사경하면 뜻하는 바가 이루어집니다.

아미타불 명호사경 (1책으로 5,400번 사경) 160쪽 6,000원
'나무아미타불'과 '아미타불'을 오회염불법에 따라 외우고 쓰는 특별한 명호사경집입니다. 집중력을 더하여, 심중 소원 성취에 큰 도움을 줍니다.

금강경 한글사경 (1책 3번 사경) 144쪽 6,000원
금강경 한문사경 (1책 3번 사경) 144쪽 6,000원
금강경 한문한글사경 (1책 1번 사경) 100쪽 4,000원
요긴하고 으뜸된 경전인 금강경을 사경해 보십시오. 업장소멸과 함께 크나큰 깨달음과 좋은 일들이 저절로 다가옵니다.

법화경 한글사경 (전5책) 권당 5,000원 총 25,000원
법화경을 사경하면 부처님과 대우주법계의 한량없는 가피가 저절로 찾아들어 소원성취·영가천도는 물론이요 깨달음과 경제적인 풍요까지 안겨줍니다.

약사경 한글사경 (1책 3번 사경) 112쪽 4,000원
약사경을 사경하면 약사여래의 가피가 저절로 찾아들어, 병환의 쾌차, 집안 평안, 업장소멸을 비롯한 갖가지 소원을 쉽게 성취할 수 있습니다.

천수경 한글사경 (1책 7번 사경) 112쪽 5,000원
천수경을 사경하고 독송하면 천수관음의 가피가 저절로 찾아들어, 업장 및 고난의 소멸과 갖가지 소원을 쉽게 성취할 수 있습니다.

지장경 한글사경 (1책 1번 사경) 144쪽 6,000원
지장경을 사경하고 영가천도는 물론이요, 각종 장애가 저절로 사라지고 심중의 소원이 성취됩니다. 백일 또는 49일 동안의 사경기도를 감히 권해 봅니다.

화엄경약찬게 사경 (1책 12번 사경) 112쪽 5,000원
화엄경약찬게를 쓰면 화엄경 한 편을 읽는 것과 같은 공덕이 생긴다고 하였습니다. 약찬게를 써 보십시오. 수많은 가피가 함께 찾아듭니다.

천지팔양신주경 사경 (1책 3번 사경) 112쪽 5,000원
옛부터 건축·결혼·출산·사업·죽음 등 평생의 삶 중에서 중요한 때마다 읽고 쓰면 크게 길하고 이롭고 장수하고 복덕을 갖추게 된다고 전해지고 있습니다.

보왕삼매론 사경 (1책으로 27번 사경) 120쪽 5,000원
삶의 문제들을 지혜롭게 해결하는 방법을 제시한 보왕삼매론을 사경하면 생활 속의 걸림돌이 디딤돌로 바뀌고 고난이 사라져 편안하고 행복해집니다.

관세음보살 명호사경 (1책으로 5천4백번 사경) 108쪽 5,000원
지장보살 명호사경 (1책으로 5천번 사경) 108쪽 5,000원
'관세음보살'이나 '지장보살'의 명호를 쓰면서 입으로 외우고 마음에 새기면, 관세음보살님과 지장보살님의 가피를 입어 몸과 마음이 큰 변화를 이루고, 마음속의 원을 능히 성취할 수 있습니다.

기도 및 49재 법보시용으로 좋은 책 (책 크기 신국판)

광명진언 기도법 / 일타스님·김현준　180쪽　6,000원
광명진언 속에 새겨진 참의미와 바른 기도법, 빠른 기도성취법 등을 자상하게 설하고, 유형별 기도성취 영험담을 다양하게 수록하였으며, 누구나 보기 쉽도록 큰활자로 발간하였습니다. 광명진언을 외우면 행복과 평화, 영가천도, 소원성취를 이룰 수 있습니다.

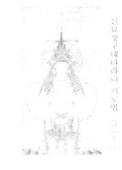
신묘장구대다라니 기도법 / 우롱스님·김현준　7,000원
광명진언 속에 새겨진 참의미와 바른 기도법, 빠른 기도성취법 등을 자상하게 설하고, 유형별 기도성취 영험담을 다양하게 수록하였으며, 누구나 보기 쉽도록 큰활자로 발간하였습니다. 광명진언을 외우면 행복과 평화, 영가천도, 소원성취를 이룰 수 있습니다.

생활 속의 기도법 / 일타스님　160쪽　6,000원
불교계 최대의 베스트셀러! 누구나 처할 수 있는 여러 가지 상황에 따른 구체적인 기도방법에서부터 특별기도성취법·영가천도기도법·기도할 때 지녀야 할 마음가짐까지, 자상한 문체로 예화를 섞어 쉽고 재미있게 엮었습니다.

기 도 祈禱 / 일타스님　240쪽　9,000원
총 6장 52편의 다양한 기도성취 영험담으로 엮어진 이 책을 읽다 보면 기도를 통해 틀림없이 부처님의 가피를 입을 수 있음을 확신할 수 있게 되고, 올바른 기도법과 함께 기도성취의 지름길을 알 수 있게 됩니다.

영가천도 / 우롱스님　160쪽　6,000원
돌가신 영가를 천도해 드렸습니까? 영가천도의 필요성과 기본자세, 염불·독경·사경을 통한 영가천도, 49재, 낙태아 천도 등을 우롱스님의 자상한 법문으로 알기 쉽게 풀어드립니다.

기도 이야기 / 우롱스님　204쪽　7,000원
총 6장 45편의 다양한 이야기가 수록된 이 책을 읽고 기도하면 감응의 길이 열리면서 심중소원을 성취하게 됩니다. 또 이야기 끝에 붙인 스님의 해설을 통하여 올바른 기도법을 알 수 있게 됩니다.

기도성취 백팔문답 / 김현준　240쪽　9,000원
기도에 대한 정의·기도와 믿음·업장소멸의 방법·꾸준한 기도의 효험·원을 세우는 법·축원법·각종 기도가피와 기도성취의 시기·성취를 위한 하심법 下心法 등 기도에 관한 궁금증들을 문답형식으로 자상하게 풀이하였습니다.

참회와 사랑의 기도법 / 김현준　192쪽　7,000원
84가지 문답을 통해 참회의 정의, 참회를 해야 하는 까닭, 절·염불·주력 참회법, 가족을 향한 참회법 등에 대해 기간·장소·시간·자세·축원의 내용까지 상세하게 설하고 있으며, 백중기도에 대한 글을 함께 싣고 있습니다.

불교의 자녀사랑 기도법 / 김현준　160쪽　6,000원
자녀들을 정말 잘 사랑할 수 있는 방법을 부처님의 가르침에 의지하여 쓴 책입니다. 자녀 교육 방법, 자녀를 위한 기도법과 함께 부모님께 효도해야 하는 까닭도 수록하였습니다.

미타신앙·미타기도법 / 김현준　160쪽　6,000원
아미타불과 극락의 참 모습, 칭명염불·오회염불·관상염불·천도염불 등의 각종 염불수행법과 함께 임종하는 이를 위한 의식과 49재 기간의 행법 등을 자세히 밝히고 있습니다.

관음신앙·관음기도법 / 김현준　240쪽　9,000원
관음신앙의 뿌리, 관세음보살의 구원능력, 주요 경전 속의 관음관, 자비관음의 여러 모습, 일념염불·독경사경·다라니 염송을 통한 관음기도법 등을 자세하게 풀이하였습니다.

지장신앙·지장기도법 / 김현준　192쪽　7,000원
대원본존 지장보살의 중생을 구제, 영가천도기도법, 자녀를 위한 기도, 평온한 삶을 위한 기도, 소원 성취와 고난 극복을 위한 기도 등을 자세히 설명하고 있습니다.

자비도량참법 / 김현준 역　4*6배판　528쪽　25,000원
나의 허물과 죄업의 참회에서 시작하여 부모·스승·친척 등 육도 속을 윤회하는 온 법계 중생의 업장과 무명까지를 모두 소멸시켜 주는 것이 자비도량참법입니다. (양장본)

참회·참회기도법 / 김현준　160쪽　6,000원
참회의 참된 의미, 절·염불을 통한 참회법, 참회인의 마음가짐, 이참법 등을 영험담들과 함께 감동 깊게 엮은 책으로, 참회를 통해 행복하고 자유로운 삶을 사는 방법을 열어주고 있습니다.

법보시를 원하시는 분은 출판사로 연락 주십시오. 할인혜택을 드립니다.
전화 02-587-6612, 582-6612 팩스 02-586-9078

알기 쉬운 경전 해설서와 불교 교리 해설서

예불문, 그 속에 깃든 의미 / 김현준 256쪽 9,000원
오분향의 의미와 지심귀명례하는 방법, 불법승 삼보의 내용과 문수·보현·관음·지장보살, 십대제자·16나한·5백나한·천이백아라한·역대조사, 그리고 사부대중의 화합 등의 내용을 모두 담았습니다.

생활 속의 천수경 / 김현준 240쪽 9,000원
천수관음은 어떤 분이며, 천수관음을 청하는 법과 가피를 얻는 법, 신묘장구대다라니의 풀이와 공덕, 참회 성취의 비결 및 준제기도, 주요 진언의 뜻풀이, 소원을 이루는 방법 및 기도법 등을 상세히 풀이하였습니다.

생활 속의 금강경 / 우룡스님 304쪽 10,000원
금강경의 심오한 내용을 알기 쉽게 풀이하고 일상생활과 접목시켜 강설함으로써 삶의 현장에서 금강경의 가르침을 능히 응용할 수 있도록 하였고, 감동을 주는 일화들을 많이 삽입하여 재미를 더해주고 있습니다.

생활 속의 관음경 / 우룡스님 240쪽 9,000원
관세음보살보문품인 관음경을 통하여 관세음보살의 본질, 일심칭명과 재난 소멸법, 공경예배와 소원 성취법, 관세음보살을 관하는 법 등에 대해 여러 가지 영험담과 함께 감동적으로 풀이하고 있습니다.

생활 속의 반야심경 / 김현준 240쪽 9,000원
공空의 의미, 모든 괴로움의 원인과 괴로움에서 벗어나는 방법, 색즉시공 공즉시색의 참뜻, 걸림 없고 진실불허한 삶을 이루는 방법 등을 반야심경의 경문을 따라 쉽고 상세하고 재미있게 풀이하고 있습니다.

생활 속의 보왕삼매론 / 김현준 240쪽 9,000원
이 책은 병고 해탈, 고난 퇴치, 마음공부와 마장 극복, 일의 성취, 참사랑의 원리, 인연 다스리기, 공덕 쌓는 법, 이익과 부귀, 억울함의 승화 등 누구나 인생살이에서 겪게 되는 장애들을 속 시원하게 뚫어줍니다.

범망경 보살계 / 일타스님 강설 508쪽 17,000원
일평생 보살계를 설한 일타스님께서 십중계와 48경계를 명쾌하게 풀이한 이 책을 읽다 보면 어둔 밤에 밝은 등불을 만난 것과 같은 환희심과 함께 참된 불자의 길을 알 수 있게 됩니다.

육조단경 / 김현준 4×6배판 208쪽 8,000원
육조 혜능대사께서 설한 선종의 근본 경전으로 선을 공부하는 사람은 반드시 읽어야 하며, 인간의 참된 본성을 보게 하여 마음을 치유하고 깊은 깨달음을 열어주는 불자의 필독서입니다.

선가귀감 / 서산대사 저·김현준 역 136쪽 6,000원
선禪에 대한 다양한 가르침을 중심에 두고 참회·염불·계율·육바라밀·도인의 삶 등을 간절하게 설하여 불자들의 신심과 정진에 큰 도움을 주는 소중한 책입니다.

불교란 무엇인가 / 우룡스님 160쪽 6,000원
'불교는 해탈의 종교·해탈을 얻는 원리·무엇이 부처인가·소승과 대승불교' 등 불자들이 마음에 새기고 실천해야 할 핵심되는 가르침을 많은 예화를 곁들여 설한 책입니다.

사성제와 팔정도 / 김현준 240쪽 9,000원
부처님께서 중생들로 하여금 가장 빨리 깨달음과 행복의 길로 나아가도록 하기 위해 창안하신 사성제와 팔정도. 이 불교의 핵심교리에 대해 많은 이야기를 섞어 알기 쉽고 분명하게 풀이하였습니다.

삼법인·중도 / 김현준 160쪽 6,000원
우리의 삶이 제행무상이요 제법무아임을 확실히 체득하게 되면 능히 열반적정을 이루게 된다는 것을 밝힌 삼법인과, 중도란 무엇이며 중도 속의 수행과 삶 등에 대해 명확하게 해설하고 있습니다.

육바라밀 / 김현준 192쪽 7,000원
보시·지계·인욕·정진·선정·반야의 육바라밀에 대해, 그 원리에서부터 구체적인 실천방법까지를 재밌게 서술함으로써, 깨달음 깊은 삶과 복되고 청정한 삶의 길로 나아갈 수 있게 하였습니다.

인연법 / 김현준 224쪽 8,000원
가장 많이 쓰는 단어인 인연! 이 인연을 삶·괴로움·진리·마음씨·희망·행복·기도성취 등과 연결시켜 살펴봄으로써 우리의 삶을 한없이 윤택하게 만들어 주고 있습니다. (12연기법도 쉽게 풀이함)

자비 실천의 길 사섭법 / 김현준 192쪽 7,000원
참된 평화와 행복을 안겨주는 자비행인 보시·애어·이행·동사섭의 사섭법이 필요한 까닭에서부터, 어떻게 하여야 사섭법을 잘 실천하고 응용하고 성취할 수 있는지를 자세히 풀이하고 있습니다.

삼보와 삼학 / 원산스님 200쪽 7,000원
원산스님께서 고금을 꿰뚫는 안목으로 불자들이 꼭 알아야 할 삼보와 삼학에 대해 마음 깊이 스며들게끔 집필한 이 책을 읽으면 믿음이 샘솟고 평안한 삶, 안정된 삶, 자유로운 삶을 누릴 수 있게 됩니다.

오계이야기 / 일타스님 신국판 160쪽 6,000원
살생·투도·사음·망어·음주계의 5계에 대한 법문집. 재미있는 일화를 들어 각 계율의 연원과 지키는 방법, 계율을 범했을 때의 과보 등을 자세히 설했습니다.

화엄경약찬게 풀이 / 김현준 신국판 160쪽 8,000원
화엄경약찬게는 매우 난해하지만 이 풀이를 본 다음에 읽으면 명확하게 파악할 수 있고 화엄경의 내용까지 꿰뚫어, 대화엄의 세계에서 노닐 수 있게 됩니다.

편역자 김현준 金鉉埈

　동국대학교 대학원에서 불교학을 전공하고, 한국학중앙연구원에서 한국불교를 연구하였으며, 우리문화연구원 원장과 성보문화재연구원 원장을 역임하였다. 현재 불교신행연구원 원장, 월간 「법공양」 발행인 겸 편집인, 효림출판사와 새벽숲출판사의 주필 및 고문으로 활동하고 있다.
　저서로는 『사찰, 그 속에 깃든 의미』· 『생활 속의 반야심경』· 『생활 속의 천수경』· 『생활 속의 보왕삼매론』· 『예불문, 그 속에 깃든 의미』· 『육바라밀』· 『사성제와 팔정도』· 『삼법인·중도』· 『인연법』· 『사섭법』· 『광명진언 기도법』· 『신묘장구대다라니 기도법』· 『참회·참회기도법』· 『불교의 자녀사랑 기도법』· 『기도성취 백팔문답』· 『참회와 사랑의 기도법』· 『미타신앙·미타기도법』· 『관음신앙·관음기도법』· 『지장신앙·지장기도법』· 『석가 우리들의 부처님』· 『참 생명을 찾는 경봉스님 가르침』· 『선수행의 길잡이』· 『아! 일타큰스님』· 『바보가 되거라』 등이 있다.
　『자비도량참법』· 『약사경』· 『지장경』· 『육조단경』· 『보현행원품』· 『부모은중경』을 한글로 번역하였으며, 〈원효의 참회사상〉 등 다수의 논문이 있다.

법화경 한글 사경 ② (무선제본)

초　판 1쇄 펴낸날　2015년　5월　15일
　　　19쇄 펴낸날　2025년　11월　14일

옮긴이　김현준
펴낸이　김연수

펴낸곳　새벽숲
등록일　2009년 12월 28일 (제321-2009-000242호)
주　소　서울특별시 서초구 반포대로14길 30, 907호 (서초동, 센츄리I)
전　화　02-582-6612, 587-6612
팩　스　02-586-9078
이메일　hyorim@nate.com

값 5,000원

ⓒ 새벽숲 2015
ISBN　978-89-969626-5-6　04220
　　　978-89-969626-3-2　04220 (세트)

새벽숲은 효림출판사의 자매회사입니다 (새벽숲은 曉林의 한글풀이).
잘못 만들어진 책은 바꾸어 드립니다.
이 책은 저작권법에 따라 보호를 받는 저작물이므로 무단전재와 무단복제를 금지합니다.